미래학자의 인공지능 시나리오

통찰력 있는 예측으로 아시아를 대표하는
미래학자 최윤식 박사의 AI 미래 보고서

미래학자의
인공지능
시나리오

● 최윤식 지음 ●

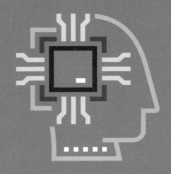

KOREA.COM

인공지능이 선도하는
새로운 산업혁명이 시작됐다

지금 인류는 인공지능이 선도하는 새로운 산업혁명의 시작점에 서 있다. 세계적인 IT 기업인 구글, 페이스북, IBM, 마이크로소프트 등은 인공지능을 가장 중요한 미래 산업으로 생각하고, 수년 전부터 기업의 역량을 총동원해 왔다.

인공지능 시대는 사람들이 예상했던 것보다 훨씬 앞당겨졌고, 인공지능의 개발 속도는 무서울 정도로 빨라지고 있다. 인공지능 시대에 불어닥칠 거대한 변화와 혼란 앞에서 우리는 무엇을 알아야 하고, 어떻게 준비하고 대비해야 하는가. 인공지능 시대가 본격화되어 산업 전반을 지배하면 과연 우리 삶에는 어떤 변화가 일어날 것인가?

구글이나 페이스북은 사람들의 마우스 클릭을 예측하여 광고비를 산정한다. 페덱스는 고객이 경쟁사로 떠날 가능성을 90퍼센트 수준의 정확도로 예측하고, HP는 자사 직원들이 이직할 가능성을 예측한다. 테스코는 고객들이 계산대 앞에서 어떤 할인쿠폰을 사용할지 예측하고, 영국의 한 은행은 은행 계좌 거래 패턴을 분석하여 테러 혐의자를 예측한다. 심지어 생명보험 회사는 당신이 언제 죽을지도 예측한다. 이 모든 것들이 인공지능 시대에 일하는 방법이다.

이런 놀라운 변화를 이끄는 인공지능의 시작은 빅데이터. 빅데이터는 인공지능을 훌륭하게 만드는 에너지다. 19세기에 석유가 내연기관을 만나 그 가치가 폭등했듯이, 21세기에 들어서면서 빅데이터는 인공지능을 만나면서 기업의 생존을 좌우할 정도로 그 중요성이 증가하고 있다. 인공지능은 빅데이터를 기반으로 기계학습을 하여 과거에 지금과 비슷한 일이 어디서, 왜, 어떻게 일어났는지 등에 대한 근본적 원인과 패턴, 사이클을 찾아주고 앞으로 어떤 일이 일어날지에 대해 논리적 혹은 확률적으로 예측하고 더 나은 미래를 만들 수 있는 현명한 의사 결정을 하게 도와준다.

이제는 인공지능의 수준 차이가 기업의 가치를 결정하는 시대가 된다. 기업에서 의사 결정을 할 때 과거에는 전문가에게서 답을 찾았지만, 21세기에는 인공지능에서 최선의 답을 찾을 것이다. 세계적인 IT 기업들이 인공지능 분야에서 무한 경쟁을 시작한 이유다. 그리고 이들이 벌이는 치열한 인공지능 성능 경쟁은 예측 성능에서 승부가 판가름 날 것이다. 뛰어난 예측 능력이 뛰어난 의사 결정으로 직결되기 때문이다.

바비 인형을 산 고객 중에서 60퍼센트가 막대사탕을 산다.

채식주의자는 비행기를 놓치는 경우가 더 적다.

맥킨토시 컴퓨터 사용자는 상대적으로 더 비싼 호텔을 예약한다.

신용등급이 낮을수록 자동차 사고가 많이 난다.

이와 같은 이상하고 놀라운 발견과 분석, 예측은 사람의 능력으로는 불가능하다. 인공지능이 실시간으로 고객의 행동과 생각을 읽고 예측할 수 있는 능력을 갖게 되면, 고객이 상품을 구매할 때 의사 결정을 돕는 강력한 도구가 될 것이다. 고객에게 맞는 상품과 서비스, 그것을 사용하는 방법, 적합도, 효용성을 예측하고 관리해 주는 서비스가 가능하기 때문이다. 고객의 입장에서는 인공지능이 가장 뛰어난 라이프코치가 된다.

현재 인공지능은 대부분 약한 인공지능과 강한 인공지능의 두 단계로 분류되고 있지만, 필자는 이것을 네 단계로 나누었다. 지능이나 감정을 흉내 내는 아주 약한 인공지능, 스스로 학습 능력을 갖는 약한 인공지능, 현명함에 도달하는 강한 인공지능, 판단력과 자율성을 갖는 아주 강한 인공지능이다.

이 책은 인공지능의 역사와 현재, 미래를 다루고 있다. 현재 우리 생활 속에 들어와 있는 인공지능 기술에 대해 소개하며, 각 단계의 인공지능이 어떤 능력을 갖추게 될 것인지에 대해 살펴본다. 또한 인공지능의 궁극적 모델이 되는 뇌의 구조와 학습 원리 등을 살펴보고, 인간의 뇌를 모방하며 발전해 온 인공지능 기술의 역사와 미래까지 예측해 보았다.

사람들이 막연히 두려워하는 아주 강한 인공지능의 시대는 필자의 예측으로

21세기 후반~22세기 초반에 가야 기술적으로 가능하게 될 것으로 보인다. 아주 강한 인공지능은 인류에게 어떤 모습으로 다가올 것인가? 아주 강한 인공지능은 인간처럼 개별적으로 완전한 자유의지를 가지고 스스로 판단하는 가치 평가를 따라 자기 목적을 만들고 성취하는 행위를 할 수 있는 단계에 이르게 될 것이다. 이런 수준의 능력을 갖게 되면 인공지능과 인간의 판단과 가치가 부딪칠 가능성도 배제할 수 없다. 빅브라더나 스카이넷의 출현이 불가능하지 않다는 것을 직감할 수 있다. 이런 초인간적 능력을 갖는 인공지능의 시대는 과연 인류의 모습을 어떻게 바꿀 것인가?

필자는 인공지능을 막연한 두려움이 아닌 객관적인 시각으로 바라보고 이미 와 있는 인공지능 시대를 대비하는 데 도움을 주기 위해 이 책을 썼다. 인공지능에 대해 정확히 알 때 인공지능이 바꾸어 놓을 미래를 예측할 수 있기 때문이다.

알파고의 출현이 사람들에게 충격을 안겨 주었다. 그러나 변화는 그것을 미리 알아차리고 대비하는 사람들에게 기회가 될 것이다. 피할 수 없는 인공지능의 시대, 우리는 어떤 기회를 잡을 것인가?

미래학자 **최윤식**

차례

PART·1
예측과 판단, 발명의 자동화 시대

PART·2
인공지능 기술의 비밀

PART•3
인공지능의 미래 시나리오

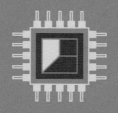

Part●1

예측과 판단,
발명의
자동화 시대

PART 1

 # 인공지능이
이미 바꾸고 있는 미래

　인공지능은 이미 당신의 빅데이터를 학습하여 일하고 있다. 아침 7시가 되면 인터넷에 연결된 아마존의 인공지능 알렉사(Alexa)가 당신이 가장 좋아하는 음악을 틀어 기상 시간을 알린다. 졸린 눈을 비비고 일어난 당신은 알렉사에게 묻는다.

　"알렉사, 음악은 멈추고…. 지금 몇 시야?"

　약 2미터 정도 떨어진 책상 위에 놓여 있는 스마트 스피커 아마존 에코(Echo)에 파란 불빛이 들어오더니 이렇게 대답한다.

　"아침 6시 45분입니다!"

당신은 다시 질문한다.

"오늘 아침 출근길 교통 상황은 어때?"

아마존이 출시한 개인비서 로봇인 에코에 탑재된 음성인식 서비스 알렉사는 스마트 TV를 켜서 당신이 평상시 즐겨 보는 아침 종합 뉴스 채널을 선택한다. 아침 종합 뉴스는 오늘의 날씨와 교통 상황은 물론이고 지난밤 사이에 일어난 전 세계의 주요 사건들을 리포트하고 있다.[1]

당신이 잠에서 깨어나는 시간, 네스트 랩스(Nest Labs)의 온도 조절 장치는 집 안의 온도를 활동하기 좋은 적당한 온도로 조절한다. 아침 식사를 마친 당신은 현관을 나서면서 알렉사에게 산뜻하게 한마디 건넨다.

"알렉사, 나 회사 출근한다. 집 잘 지키고 있어!"

구글은 스마트 온도 조절기인 네스트 랩스가 아마존의 음성인식 서비스인 알렉사를 지원한다고 발표했다. 2014년 구글에 인수된 스마트홈 전문 기업인 네스트 랩스는 보다 편리한 스마트홈 시스템 구축 기능을 가진 홈 어웨이 어시스트(Home/Away Assist)를 발표했다. 홈 어웨이 어시스트에는 외출할 때 자동으로 문단속을 하는 기능이 추가로 장착되었다. 이 외에도 출입문을 자동으로 잠그고, 집 안에 아무도 없다는 것을 센서로 감지한 후에 온도 조절 관련 전원을 전부 끄고 외출 모드로 전환한다.

네스트는 지난 몇 달 동안 당신의 전기 사용 패턴 및 선호하는 실내 온도 등을 학습하여 당신이 가장 만족할 만한 운용 방식을 찾아 낸다. 네스트는 딥러닝(Deep learning) 소프트웨어를 탑재한 기계학습 인공지능으로 사용자의 온도 조절 패턴을 학습하여 스스로 온도 조절을 한다.[2] 그 덕택에 당신은 만족할 만한 실내 분위기를 누리고 있고, 전기료를 절반이나 줄일 수 있었다.

회사로 향하는 당신의 차는 미국의 교통정보 서비스 회사인 인릭스(Inrix)에서 제공하는 실시간 교통 예측 시스템과 연결되어 가장 빠른 길을 안내받아 주행한다.[3] 인공지능 기술은 자동차 업계에서도 빠르게 활용되고 있다. 자동차 회사인 도요타는 자동차가 주변 도로 환경을 스스로 인식하고 빠르게 판단하여 사고를 줄이는 인공지능 연구를 위해 미국 군수 분야에서 가장 뛰어난 전문가로 인정받고 있는 로봇 엔지니어 길 프랫(Gill Pratt)을 영입하고, 미국 스탠퍼드대학교, MIT와 공동 연구 센터를 설립했다.[4]

자율주행 자동차 전문가와 미래학자들은 2025년 정도면 완전 자율주행 자동차가 상용화될 것으로 예측하고 있다.[5] 완전 자율주행 자동차는 가속, 조향, 제동 등 운행에 필요한 모든 기능을 인공지능이 장착된 자동차가 스스로 완벽하게 제어하기 때문에 운전자는 주행에 전혀 관여하지 않는 수준이다.

2016년 현재, 테슬라(Tesla)의 오토파일럿 기능은 운전자의 감시하에 조건부 자율주행을 할 수 있는 '레벨 3'까지 상용화되어 있다. 볼보(Volvo)는 텔레매틱스(자동차와 무선통신을 결합한 차량 무선 인터넷 기술)로 얻은 빅데이터를 활용해, 50만 대를 출고한 후에야 발견할 수 있었던 결함을 1,000대 정도의 출고 시점에서 발견함으로써 리콜을 획기적으로 줄였다. 이 여세를 몰아 볼보는 고객 요구, 정기 점검 및 고장 수리, 마케팅, 영업, 중고 차량 잔존 가치 분석 등에 빅데이터와 인공지능 기술을 사용하고 있다.[6]

회사에 도착한 당신은 엘리베이터를 타기 위해 줄을 선다. 당신의 사무실이 있는 30층 버튼을 누르고 기다리는 동안 눈앞에 있는 작은 화면에 당신이 이용하는 엘리베이터에도 인공지능 시스템이 장착되어 좀 더 안전한 서비스를 누릴 수 있다는 홍보 문구가 뜬다. 당신의 회사가 사용하는 엘리베이터를 제작하고 관리하는 티센크루프(ThyssenKrupp)사는 마이크로소프트의 애저 머신러닝(Azure Machine Learning) 시스템을 사용하여 엘리베이터 안에 달려 있는 각종 감지 센서 등을 통해 실시간으로 운행 속도와 모터의 온도, 출입문 오작동 여부 등을 모니터링하여 사고 위험을 예측하고 있다는 내용이었다.

사무실에 도착한 당신은 이메일을 열고 당신에게 온 긴급한 메일들을 읽고 있다. 이미 당신의 성향을 학습한 인공지능 이메일 시스템은 어제 퇴근 이후에 온 이메일들을 분류하고 해당 폴더에 넣어두었다. 그리고 친절하게도 당신이 긴급하게 가장 먼저 읽어야 할

메일들을 알려 준다. 그중에는 독일과 프랑스 지사에서 온 메일들도 있다. 해외에서 온 메일을 읽을 때마다 약간 부담이 되기는 한다. 하지만 이런 부담도 곧 사라질 것 같다. 구글의 CEO인 래리 페이지가 2017년경이면 딥러닝 기술을 장착한 구글 번역기가 64개 언어를 완벽하게 통번역해 줄 것이라고 예측했기 때문이다.[7]

점심시간이 되자, 기계학습 기능이 장착된 옐프(Yelp)라는 앱이 맛집을 찾아 준다. 맛집을 찾아가는 동안, 당신 손에 들린 휴대전화는 오후에 예약된 중요한 미팅에 대해서 다시 안내해 주고, 미팅 후에 당신이 해야 할 일을 예측하고, 그에 맞는 몇 가지 조언들을 해 준다.[8]

식사를 마치고 잠시 시간이 남자, 당신은 아내 생일에 줄 선물을 사야겠다는 생각이 들었다. 휴대폰을 켜고 인공지능 개인비서 서비스에게 적당한 선물이 무엇이 있겠는지 묻자, 아마존 사이트를 열고 몇 가지를 추천해 준다. 당신의 휴대폰 속에 있는 인공지능 비서인 시리(Siri)는 아마존의 인공지능 추천 시스템인 A9과 연동하여 아내가 좋아할 만한 몇 가지 상품을 제안한다. 오래전부터 A9은 고객의 구매 정보와 패턴을 분석하여 관심 있을 만한 상품을 추천해 주는 서비스를 하고 있다. 아마존의 자체 분석에 의하면 자사 매출의 35퍼센트 정도는 인공지능 추천 시스템에서 발생한다.[9]

애플 개인비서 프로그램 시리를 개발하는 팀은 인공지능 성능을 개선하고 아이폰 속에 있는 방대한 데이터 속에서 마케팅과 판매에 의미가 있는 정보를 수집하고 예측하기 위한 목적으로 기계학습 전문가들을 대규모로 채용하고 있으며, 소셜미디어 분석 업체인 톱시(Topsy), 개인비서 앱 개발 업체 큐(Cue) 등을 인수합병했다.[10] 애플의 운영체제인 iOS9에 장착된 프로액티브 어시스턴트(Proactive Assistant)는 기계학습 기반으로 아이폰 사용자의 취향을 분석하여 사용자가 찾고 있는 정보를 예측하여 보여 준다.[11] 페이스북 메신저에 장착된 가상비서 M도 딥러닝 기술을 기반으로 인터넷에 올라온 식당의 맛, 이용자 후기, 가격, 기타 정보 등을 분석하고, 사용자의 취향을 예측하여 메신저 앱에서 먹거리, 여행, 취미 생활 등을 추천하는 서비스를 한다.[12]

업무를 마친 당신은 잠시 쉬는 시간에 투자 상품들을 살펴본다. 이미 월가에서는 인공지능이 투자 시장을 좌지우지하고 있고, 그 영역을 개인 투자 시장으로 넓히고 있다. 미국에서 인공지능이 투자를 담당하는 로보 어드바이저(Robo-advisor) 시장은 연평균 50퍼센트씩 성장하고 있다. 미래 금융 서비스 시장의 지각 변동을 가져올 핵심이 인공지능이라는 말이 공공연하게 거론될 정도다.[13]

인공지능은 소비자를 일대일 맞춤형으로 대응하는 서비스에서 빠르게 영역을 넓히고 있다. 머지않은 미래에는 단순히 일대일 맞춤형 분석에서 끝나지 않고 당신의 금융 서비스 욕구를 예측하여 휴대

폰의 개인비서 서비스를 통해 소통하면서 투자자문을 해 줄 것이다. 이미 싱가포르 개발은행(The Development Bank of Singapore)은 IBM의 왓슨(Watson) 서비스를 활용해 자신들의 우수 고객을 대상으로 투자 선호도를 파악하고 자산을 관리해 주는 사업을 시작했다.[14] 전통적인 자산 운용사인 뱅가드(Vanguard), 찰스 슈왑(Charles Schwab) 등도 로보 어드바이저 시장에 뛰어들었다. 2020년경이면 로보 어드바이저 시장이 4,500억 달러를 넘을 것으로 예측된다.[15]

로보 어드바이저 서비스에 대한 안내를 받은 당신은 여전히 인간 자산관리사보다는 믿음이 덜 가지만, 두세 배 이상 낮은 수수료 혜택과 똑똑한 절세 서비스를 받을 수 있으며, 빠르게 변동하는 시장에 좀 더 정확하고 빠르게 대응할 수 있고, 다양한 정보 분석과 예측 서비스를 받을 수 있다는 점에 마음이 끌리기 시작한다.

퇴근하고 집에 돌아온 당신은 아내로부터 회식이 있어서 평소보다 늦게 집에 돌아온다는 연락을 받는다. 마침 TV에서 '묻지 마 범죄'에 대한 뉴스가 흘러나오자 내심 걱정이 된다. 하지만 이런 묻지 마 범죄를 예방하고 치안 서비스를 강화하기 위해 경찰청에서 인공지능 기술을 활용하기 시작했다는 소식도 함께 나온다.

미국 샌프란시스코 경찰청은 8년 동안 범죄가 발생한 지역, 범죄 유형 및 특성 등을 분석하여 범죄 지도를 만들었다. 그리고 여기에 실시간 범죄 정보를 컴퓨터 시스템에 계속 반영하여 학습시킴으로 미래에 일어날 범죄 가능성을 예측하여 치안 시스템을 운영한다. 샌프란시스코 경찰청이 자체적으로 평가한 예측 정확도는 71퍼센트다.[16] 영국 런던 경찰청도 소프트웨어 전문 업체 엑센츄어(Accenture)와 손을 잡고 런던 전역에서 최근 5년간 발생한 조직범죄 데이터베이스와 SNS 게시물을 종합 분석하여 범죄를 저지를 가능성이 큰 위험 인물을 찾아내는 범죄 예방 프로그램을 개발했다.[17]

우리나라에서도 2015년에 경찰청과 미래창조과학부가 경찰청의 방대한 내부 데이터와 공공·민간의 공개 데이터, 범죄 프로파일링 정보와 CCTV로 수집된 빅데이터를 기반으로 범죄 발생 지역, 용의자 등을 예측하고, 실시간 범죄를 예측·예방할 수 있는 시스템을 개발하기로 합의했다.[18] 이런 소식을 들으면 점점 기술이 발달하면서 국내 치안 서비스도 좋아질 것이라는 긍정적인 생각이 들어 걱정이 조금은 줄어들지만 여전히 마음 한구석은 불안하다.

이런저런 생각 때문에 마음이 뒤숭숭한 당신은 기분 전환을 위해 영화를 한 편 보기로 한다. 얼마 전에 드디어 한국에도 넷플릭스(Netflix) 서비스가 시작되었다. 넷플릭스는 전 세계 5,700만 명의 유료 가입자에게 동영상 스트리밍 서비스를 제공하는 미디어 회사다. 넷플릭스의 최대 장점은 '시네매치(Cinematch)'라는 영화 추천 시스템이다. 영화 추천 알고리즘을 가지고 가입 회원들의 구매 패턴, 대여 기록, 고객 평가 점수 데이터 등을 연결하여 고객의 욕구를 파악하여 영화를 추천한다. 자체 평가에 의하면, 넷플릭스 고객의 80퍼센트가 시네매치가 추천한 영화를 재구매하고 있다.[19] 1997년 리드 헤이스팅스(Reed Hastings)가 창업한 넷플릭스는 2009년 시네매치 시스템을 기반으로 한 온라인 스트리밍 서비스를 시작했다. 시네매치 시스템은 딥러닝 알고리즘을 기반으로 비슷한 취향을 가진 사람들을 한 그룹으로 분류하여 그들이 좋아하는 영화를 분석하여 추천하는 '사용자 기반 협업적 필터링(Collaborative filtering)'과 영화 간의 유사성을 추출하여 추천해 주는 '내용 기반 필터링(Content based filtering)'을 활용해 서비스를 제공한다.[20] 넷플릭스는 당신의 심란한 마음을 풀어 줄 좋은 액션 영화 한 편을 추천한다.

영화를 보면서 당신은 인공지능 기술의 편리함과 똑똑함에 내심 감탄한다. 오늘 아침 신문에도 인공지능 기술의 눈부신 발전에 대한 기사가 실려 있었다. 예를 들어, 2014년 일본이 개발한 '토우로보군'이라는 이름을 가진 인공지능은 대학 입시 모의고사인 '전국 센터 모의시험'에 응시했다는 기사도 있었다. 결과는 어떠했을까? 전국 581개 사립대학 중에 80퍼센트에 해당하는 472개 대학에 합격할 수 있는 수준의 성적을 냈다고 한다.[21]

이런 놀라운 기사를 전해 주는 언론 분야에서도 인공지능의 활용도가 높아지고 있다는 사실 또한 놀랍다. 2014년 초 〈LA타임즈〉는 인공지능 로봇 퀘이크봇(QuakeBot)이 캘리포니아 지진 발생을 모니터링하고 실시간으로 기사를 송고했다고 한다. 오래전부터 세계적인 언론사인 AP통신도 기업 실적에 관한 기사는 인공지능 로봇이 담당하고 있다고 한다.[22] 프로야구, 경제 분야 등도 인공지능이 기사를 쓰기 시작했다. 인공지능 로봇이 쓴 기사는 가독성, 명확성, 정보성, 신뢰성, 전문성 등의 만족도 평가에서도 상당히 좋은 점수를 얻고 있다고 한다.[23] 인공지능이 기사를 작성하면 인간의 편견이 배제된 객관적인 기사를 더 많이 접할 수 있다는 생각도 들지만, 한편으로는 이러다가 기자가 필요 없는 미래가 올 수도 있겠다는 생각이 든다.

인공지능이 기사를 쓰는 것보다 더 놀라운 것은 예술 분야에서도 인공지능의 활약이 시작되고 있다는 것이다. 소설을 쓰는 인공지능, 작곡하는 인공지능, 그림을 그리는 인공지능들이 등장했다. 아라비안나이트에 나오는 왕비의 이름을 딴 '세헤라자데-IF(Scheherazade-IF)'라는 인공지능은 이야기의 중요한 분기점에 독자의 반응과 선택을 받아들이는 방식으로 '인터렉티브 소설'을 쓴다. 조지아공과대학에서 개발한 세헤라자데-IF는 은행 강도, 영화관, 데이트 등을 다룬 수백 편의 소설로 지도 학습을 받은 후 새로운 이야기를 창작한다. 전문가들은 세헤라자데-IF가 쓴 소설이 문장 구조는 단순하지만, 전개상에서 문학적 오류가 없고, 복잡한 구조와 풍부한 이야깃거리를 가지고 있다고 평가했다.[24] 인공지능 '쿨리타(Kulitta)'는 수준 높은 클래식 음악을 작곡하고, '아론(Aaron)'이라는 인공지능은 옥션에서 판매될 정도로 수준 높은 추상화를 그린다.[25]

갑자기 당신은 '인공지능의 성능이 이 정도라면 머지않은 미래에 내 일자리도 위협받지 않을까?' 하는 두려움이 생긴다. 아니면, 이러다가는 나보다 똑똑한 인공지능을 상사로 모셔야 할지도 모른다는 생각도 든다. 실제로 일본의 전자기업 히타치는 일본 제조기업이 자랑하는 경영기법인 '카이젠(改善)'을 알고리즘화한 인공지능을 현장에 배치했다. 그런데 이 인공지능이 하는 일은 창고에서 물건을 나르는 일이 아니다. 물류창고의 업무 전체를 관리하고 직원에게 업무를 지시하는 '관리자' 역할이다. 이 인공지능은 빅데이터를 분석하여 기후 변화나 수요량 변경 등 상황 변화에 가장 적합하고 효율적인 업무 프로세스를 찾고 예측한다. 만약 인간 직원이 자기보다 더 효과적이고 효율적인 업무 방식을 개발하면 이를 학습하여 즉각 반영한다. 히타치는 인공지능을 현장 관리에 투입한 후 생산성이 약 8퍼센트 정도 향상되었다고 평가했다.[26]

지금까지 소개한 하루 일과는 먼 미래의 모습이 아니다. 이미 시작된 미래다. 당신이 모르는 사이에 인공지능은 빠르게 발전하고 있고, 당신 삶에 깊이 침투하고 있다. 인공지능은 먼 미래의 기술이 아니다. 공상과학 영화에나 나오는 기술도 아니다. 이미 당신의 삶을 바꾸고 있는 기술이다. 이 책에서는 파괴적 힘을 가진 인공지능의 현재를 분석하고, 미래를 예측해 보려고 한다.

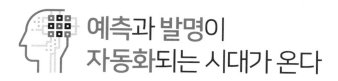

예측과 발명이
자동화되는 시대가 온다

수천 년의 인류 역사를 살펴보면, 부와 권력을 획득하는 핵심 무기는 예측과 창조 능력이었다. 그런데 21세기 안에 예측과 발명 능력이 자동화될 것으로 보인다. 인공지능의 궁극적 목표가 예측과 창조 능력의 획득이기 때문이다.[27] 새로운 발견, 혹은 발명은 '가설-추론-시험'을 반복하는 과정에서 나온다. 기계학습은 스스로 가설을 세우고, 추론하고, 시험을 한다. 미래에 발견과 발명이 자동화될 수 있는 이유다.[28]

예측과 창조 능력이 자동화되면, 모든 사람들이 그 능력을 자유롭게 사용할 수 있게 되기 때문에 부와 권력을 독점하려는 사람들은 다른 방법을 찾아야 할 것이다. 특히 예측의 자동화는 이미 시작되었다.

예를 들어, 할리우드 영화제작사들은 어떤 영화를 제작해야 흥행할지 예측하고 있다. 월스트리트는 특정 사건, 변화하는 수요, 경제 지표 등이 어떻게 주식 가격을 변동시킬지 예측한다. 미국의 기업들은 자기 제품을 살 고객이 누구인지, 그 고객이 언제 제품을 살지, 얼마나 살지 예측한다. 영국 유통기업인 테스코(Tesco)는 자신들이 진출한 13개 나라의 모든 점포 계산대 앞에서 소비자들이 어떤 할인쿠폰을 사용할지 예측한다. 연간 1억 장의 맞춤형 할인쿠폰을 발행하는 테스코는 통찰력 있는 예측을 기반으로 할인쿠폰 사용률을 이전보다 3.6배 끌어올렸다.

구글이나 페이스북은 당신의 마우스 클릭을 예측하여 광고비를 산정한다. 미국의 유통업체인 타깃(Target)은 고객의 임신 여부를 예측하고 출산 관련 제품을 추천하여 세상을 깜짝 놀라게 하기도 했다. 의료계의 연구자들은 당신의 이혼 가능성도 예측한다. HP는 자사 직원들이 이직할 가능성을 예측한다. 페덱스(Fedex)는 고객이 경쟁사로 떠날 가능성을 90퍼센트 수준의 정확도로 예측한다. 미국공립대학위원회(American Public University System)는 대학생들의 중퇴율을 예측한다. 보험회사들은 누가 사고를 낼지 예측하고, 미국연방교통안전위원회(National Transportation Safety Board)는 항공기 사고의 종류를 구별하고 예측한다. 유타대학교 연구자들은 미숙아 출산 가능성을 예측하여 적중률을 80퍼센트까지 끌어올렸다. 심지어 생명보험 회사들은 당신이 언제 죽을지도 예측한다. 법원과 경찰청은 누가 거짓말을 하고, 절도와 강도짓을 하며, 마약을 거래하고, 살인을 할지 예측한다. 영국의 한 은행은 은행 계좌 거래 패턴을 분석하여 테러 혐의자를 예측한다.[29]

이 모든 것들이 예측을 자동화하여 비즈니스와 일에 접목한 실례다. 예측의 자동화는 어떻게 이루어지는 것일까? 간단하다. 빅데이터로 기계를 학습시킨 결과다. 빅데이터를 기반으로 기계학습을 하는 인공지능은 데이터를 분석하여 과거에 지금과 비슷한 일이 왜, 어디서, 어떻게 일어났는지 등에 대한 근본적 원인과 패턴, 사이클을 찾아 주고, 앞으로 어떤 일이 일어날지를 논리적 혹은 확률적으로 예측하고, 더 나은 미래를 만들 수 있는 좀 더 현명한 의사 결정을 하게 도와준다. 이제부터는 이 기술이 어느 정도까지 성능이 향상되고, 적용 범위가 어디까지 가능한지의 문제일 뿐이다.

10년 안에 인공지능이 당신의 마음속을 들여다본다

빠른 속도로 늘어나는 빅데이터와 기계학습 알고리즘으로 무장한 인공지능은 점점 더 똑똑해지면서 무서운 능력을 발휘하고 있다. 10년 안에 인공지능은 당신의 생각, 마음, 상황, 환경, 욕구, 욕망, 동기, 감정들을 세세히 관찰하고, 면밀히 추적하고, 완벽하게 이해하여 섬뜩할 정도로 정확하게 당신이 원하는 것이 무엇인지를 예측할 수 있게 된다. 지금의 추세라면 인공지능 기계가 학습할 수 있는 데이터가 더 많이 쌓일수록 인간, 자연, 세상에 대해 더 많은 것을 통찰하는 것은 거부할 수 없는 미래다. 심지어 21세기 중반이면 당신이 내면 깊숙이 숨겨 놓은 고민의 총량까지 계산하게 될지 모른다.

당신이 문자, 이메일, SNS, 스마트 기기에 남긴 말과 행동의 흔적들 속에는 당신의 생각, 마음, 정서 등이 담겨 있다. 이런 것들이 개별적이고 파편적이고 일시적인 데이터 형태로 떨어져 있을 때는 별 쓸모가 없다. 하지만 이것들을 모으고, 분류하고, 패턴을 찾고, 유추하고, 예측하고, 실험하고, 검증하고, 재구조화하는 과정을 거치면 객관적인 사실, 상황, 트렌드를 꿰뚫어 볼 수 있다. 이런 통찰을 기반으로 흥미로운 아이디어를 떠올릴 수도 있다. 즉, 새로운 것을 발견하고, 발명하는 창조가 가능해진다는 말이다. 이것이 바로 인공지능이 (인간의 고유한 영역이라고 여겨졌던) 발명까지도 자동화할 수 있는 가능성이다.

섬뜩한 예측이지만, 당신의 마음을 감시할 수도 있다. 미래의 인공지능은 집단 감시 능력을 갖게 될 것이다. 한 개인과 관련된 빅데이터뿐만 아니라, 다양한 사람들의 빅데이터를 모아 놓고 인공지능의 힘을 빌리면 '집단적 감지(Collective sensing)'가 가능하다. 집단적 감지란 사람들의 집단적인 움직임을 추적하는 것이다. 집단적 감지를 통해 거대 도시의 움직임(City dynamics)도 파악할 수 있다. 도시의 특성도 파악할 수 있다. 도시의 움직임과 특성을 파악하는 일이 가능해지면, 사람, 도로, 차량, 도시 건물, 인프라 등의 관계와 움직임을 효율적으로 관리하는 것도 가능해진다.[30] 하지만 도시를 감시하고 관리할 수 있다면 도시 안에 있는 특정인도 감시하고 관리할 수 있게 된다. 양날의 검이다. 다행히 필자의 예측으로는 21세기 안에는 인공지능이 인간의 통제하에서 작동할 가능성이 크다.

사물인터넷(IoT) 시대가 시작되었다. 사물인터넷 시대, 초연결 사회에서는 인공지능의 활약이 더욱 커질 것이다. 더 많은 사람, 더 많은 사물이 서로 상호작용을 하면 할수록 더 많은 관계가 만들어진다. 더 많은 관계는 더 많은 데이터를 만들어 낸다. 여기에 인공지능의 기술이 향상되는 것만큼 더 많은 데이터를 더 예리하게 분석하고 예측하여 사람, 사물, 세상에 대해 더 많은 이해를 할 수 있게 될 것이다.

사람의 생각과 행동, 사물의 움직임을 읽으면 세상의 변화 방향을 포착할 수 있게 된다. 인공지능을 통해 더 많은 이해, 발견, 발명이 이루어지면 세상을 더 혁신적으로 바꿀 수 있는 기회가 생긴다. 예전보다 더 통찰력 있는 의사 결정을 내릴 수 있게 된다. 다양한 선택지들 중에서 최적의 선택을 할 수 있기 때문에 의사 결정 경쟁력이 높아진다.[31] 인간이 인공지능의 통제권을 상실하지만 않는다면, 당분간 인공지능은 더 나은 미래를 만드는 강력한 도구가 될 것이다.

인공지능의
미래

　인공지능은 대부분 두 단계로 나눈다. 약한 인공지능과 강한 인공지능이다. 하지만 필자는 '어질고 슬기롭고 사리에 밝음'을 표현하는 현명함(賢明, wise) 정도를 기준으로 인공지능의 미래를 4단계로 나누어 예측한다. 아주 약한 인공지능, 약한 인공지능, 강한 인공지능, 아주 강한 인공지능이다.

　호모사피엔스(Homo sapiens)는 현인류 종(種)을 가리키는 말로, '지혜가 있는 사람'이라는 뜻이다. 인공지능이 현인류 종을 모방하는 연구이기 때문에 지향하는 목적지는 현명함이 된다. 현명함은 지능과 감정을 가진 생명체의 특징이다. 현명한 생명체는 환경을 인식하고 느끼고 이해한다. 느끼고 이해한 바를 따라 판단하고 예측한다. 판단하고 예측한 바를 따라 행동한다. 자신이 한 행동을 통해 환경을 변화시킨다.

　인공지능이 인간처럼 '현명함'을 발휘하기 위해서는 기능적으로는 지능과 감정을 모방해야 한다. 그리고 이 두 가지를 발현시키는 원천인 뇌도 모방해야 한다. 21세기 안에는 이 모든 것들의 모방이 완성될 것이다. 그리고 이 단계의 모방이 완성되면, 22세기 이후 면 미래의 인공지능은 인간의 능력을 뛰어넘는 새로운 현명한 생명체 구축을 목표로 전진할 것이다.

지능이나 감정을 흉내 내는 아주 약한 인공지능

현명함을 기준으로 첫 번째 단계는 '아주 약한 인공지능'이다. 아주 약한 인공지능은 주입된 판단 절차를 따라 지능이나 감정을 흉내 내는 수준이다. 사람이 더 잘하는 행위들을 인공지능이 흉내 내게 하는 단계다. 이 단계는 인지 체계(cognitive system)를 갖추지만 인간 지능과 같다고 말하기 힘들다. 인지 체계도 곤충 수준에 불과하다. 인지 체계의 사전적 의미는 '개인이 지니고 있는 일단의 상호 연관된 지식군(知識群)'[32]이다.

곤충들도 인지 체계를 갖는다. 주변 환경으로부터 오는 자극(정보)을 지각하여 적절히 반응하는 아주 간단한 인지 시스템이다. 아주 약한 인공지능도 주변 환경에서 들어오는 정보(자극)를 인지하여 행동에 이르는 과정에서 사용되는 일단의 구체적이거나 추상적인 지식의 집합을 가지고 있기 때문에 (최소한 한 가지의) 인지 체계를 가졌다고 평가할 수 있다.

인간과 같은 고등동물은 복잡성과 상호연관성이 다른 여러 개의 고차원적 인지 체계를 갖는다. 이 단계는 약한 인공지능에서부터 구현된다. 참고로 인지 체계만 가지면 소프트웨어로만 존재하는 인공지능이 된다. 인지 체계가 하드웨어를 가지면 인공지능이 탑재된 로봇이 된다.

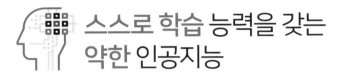

스스로 학습 능력을 갖는 약한 인공지능

약한 인공지능은 스스로 학습하는 능력을 가지며 주입된 판단 절차를 넘어 지능과 감정에서 약한 수준의 자율성을 갖고 제한된 합리적 행위를 한다. 즉 약한 인공지능이 갖추어야 할 조건은 세 가지다. 약한 수준의 스스로 학습하는 능력, 약한 수준의 자율성, 제한된 합리적 행위다.

약한 인공지능은 계산 모형을 이용해 인간의 정신 능력을 모방하거나 스스로 인지와 추론이 가능한 학습 모형을 기반으로 작동한다. 인간의 정신 능력을 모방하는 것은 아리스토텔레스 논리학을 모방한 것이며, 학습 모형은 데이비드 흄의 귀납법을 모방한 것이다. 흄은 1739년에 출간한《인간 본성에 관한 논고 *A Treatise of Human Nature*》에서 여러 요소들 가운데 반복적인 연관성이 있다면 일반적 규칙으로 삼을 수 있다고 했다. 이성의 특성을 모방하는 단계이기에 좁은 의미의 지능적 행위이며 낮은 수준의 인간적 행위 단계라고 부를 수 있다.

하지만 약한 인공지능이라도 탁월한 계산 역량을 가지므로 지각, 이해, 예측, 판단, 조작(명령), 성찰 등으로 구성된 인지 체계 일부에서는 인간보다 뛰어난 성능을 갖출 수 있다. 그러나 종합적으로는 인간처럼 사고할 수 없다. 단지 특정 과제 수행에서 자신이 알고 있거나 새로 학습한 내용에 기초하여 주어진 일에서 합리적인 성과를 낼 뿐이다. 성과를 내더라도 무결점이나 신의 경지에 비교될 정도로 초월적 성과를 내는 것이 아니다. 제한된 합리적 성과를 낸다.

여기서 '합리적'이라는 말은 주어진 목적에 부합할 정도로 제대로 된 성과를 내거나 인간보다 더 나은 수준의 성과를 내는 것을 의미한다. 합리적 행위란 완벽한 행위가 아니다. 합리적 행위란 시간이나 공간의 상황적 제한 때문에 모든 계산과 평가를 완벽하게 수행할 수 없을 때 차선으로 선택하는 가장 적절한 행동이다.

약한 인공지능의 단계에 이르면 튜링 테스트(기계가 인공지능을 갖추었는지 판별하는 실험)를 만족스럽게 통과한다. 약한 인공지능은 환경을 인식하기 위한 컴퓨터 시각(computer vision), 인간과 의사소통을 할 수 있는 자연어 처리(natural language processing), 합리적 추론(reasoning)이나 확률적 외삽 예측(probabilistic extrapolational forecasting)을 하기 위해 새로운 환경과 자극(정보)에 적응하여 새로운 패턴(알고리즘)을 찾아낼 수 있는 기계학습(machine learning), 학습한 내용을 저장하기 위한 지식 표현(knowledge representation), 학습하여 저장한 정보를 기반으로 질문에 답하고 새로운 결론을 논리적으로나 확률적으로 추론할 수 있는 자동 추론(automated reasoning), 추론한 결론을 기반으로 물체를 조작하고 이동하기 위한 로봇공학(robotics) 능력을 갖추기 때문이다. 이런 여섯 가지 능력은 인공지능의 핵심 역량이다.

약한 인공지능이 로봇공학과 결합되면 여섯 가지 핵심 능력을 모두 갖출 수 있다. 21세기 초반은 약한 인공지능의 시대다. 약한 인공지능이라도 사회를 변화시킬 만한 놀라운 성과를 내기 시작한다. 세계적인 프로바둑 기사인 이세돌을 이긴 구글의 알파고나 퀴즈 챔피언이 된 IBM의 왓슨을 보라. 약한 인공지능의 인지 능력은 특정 영역에서는 이미 인간을 뛰어넘고 있다. 혼다의 휴머노이드 아시모나 공장에서 사용하는 인지로봇팔 등도 약한 인공지능과 결합되면서 행동 능력이 특정 영역에서 인간을 뛰어넘고 있다.

그러나 약한 인공지능은 여전히 한계가 많다. 약한 인공지능은 기계학습 역량을 갖더라도, 패턴, 사이클, 트렌드를 기반으로 한 외삽법(外揷法, trend extrapolation) 예측 정도만 할 수 있다. 의사 결정에서도 인간보다 빠른 확률적 의사 결정 능력이 전부다. 논리적이고 확률적 예측과 의사 결정 수준을 넘어서서 뜻밖의 미래(an unexpected future)나 와일드카드(wildcard) 시나리오, 규범적 미래(a normative future)나 바람직한 미래(a preferred future)를 창의적으로 구축하려면 강한 인공지능 수준으로 올라서야 한다.

이런 한계에도 불구하고, 21세기 초반을 장식할 약한 인공지능은 사람이 멋진 일을 더 잘할 수 있도록 해 주는 새로운 도구가 될 것이다. 약한 인공지능은 가치 있고 수익성도 있으며, 기본적이고 합리적인 행동을 산출할 수 있는 수준에 이를 것이다. 약한 인공지능의 성능 향상도 계속되고, 일반인에게 보급되는 속도도 빠를 것이다. 예를 들어, 1996년 딥블루가 체스 세계 챔피언을 이긴 후, 10년 만에 데스크톱 컴퓨터에서도 같은 성능에 도달했다. 2016년 알파고가 이세돌을 이겼다. 필자의 예측으로는 5~7년 후면 데스크톱 컴퓨터에서 작동하는 인공지능 바둑 프로그램도 알파고 수준의 약한 인공지능 수준에 도달할 수 있을 것이다. 그리고 현재의 약한 인공지능을 응용하는 것만으로도 머지않은 미래에 콜센터 상담원, 개인비서, 택시 및 트럭 운전사, 철도 기관사, 대리운전사, 세무사, 회계사, 법무사, 약사, 변호사, 단순 근로자, 단순 지식 전달자, 은행 창구 직원, 보험설계사, 자산 운용사, 금융회사 대출 담당자 등의 직업은 상당한 수준의 위협에 빠질 수 있다.

현명함에 도달한
마키나 사피엔스, 강한 인공지능

　강한 인공지능은 '호모 사피엔스(Homo sapiens)'라 불리는 현인류의 능력을 그대로 모방한 '마키나 사피엔스(Machina sapiens)'가 될 것이다. 강한 인공지능부터는 지능과 감정을 가진 사피엔스 종(種)의 특징인 현명함에 도달할 것이다. 약한 인공지능이 갖는 지능(intelligence)을 넘어 지혜(wisdom)를 발휘할 수 있다.

　강한 인공지능에 도달하려면 지금보다 컴퓨터 성능이 수천 배 이상 발전하고, 현재 진행되고 있는 뇌신경 지도인 커넥톰(Connectome)이 완성되고, 신경공학이나 유전공학이 좀 더 발전하고, 심리학과 인지과학 등 인간 뇌의 작동 방식과 이성과 정신 작용을 좀 더 정밀하게 설명하는 이론이 필요하다.

　이외에도 강한 인공지능을 만들려면 몇 가지 기초 기술들이 필요하다. 기계학습 알고리즘 분야에서는 마스터 알고리즘(master algorithm)이 개발되어야 한다. 하드웨어 분야에서는 인간의 뇌 구조를 닮은 칩이 필요하다. IBM은 인텔보다 먼저 인간의 뇌 구조를 닮은 새로운 칩을 설계했다. 일명, 시냅스(SyNAPSE) 칩이다.

　지금 우리가 사용하는 컴퓨터는 폰 노이만이 설계한 '폰 노이만 구조(Von Neumann architecture)'를 가진다. 폰 노이만 구조는 프로그래머가 나열한 명령을 순차적으로 수행한다. 그리고 명령들을 수행할 때마다 일정 메모리 장소의 값을 변경하는 '내장 메모리 순차 처리 방식'을 사용한다. 이런 원리를 기초로 주기억장치, 중앙처리장치, 입출력 장치의 3단계 구조로 이루어진 프로그램 내장형 컴퓨터 구조는 작업을 변경시킬 때 하드웨어를 재배치하지 않고 소프트웨어만 교체할 수 있는 장점이 있다. 하지만 단점도 있다. 중앙처리장치(CPU)가 프로그램 메모리와 데이터 메모리를 동일한 버스(Bus)를 이용하여 입출력(Access)하기 때문에 프로그램과 데이터를 동시에 읽거나 쓸 수 없다. 이런 단점으로 인해, 고속 컴퓨터 설계에서 일명 '폰 노이만 병목(Von-Neumann bottleneck)'이라는 현상이 발생한다.[33] 이 방식으로는 강한 인공지능을 구현하는 데 한계가 있다.

2014년 8월, IBM은 폰 노이만 병목을 해결하기 위해 인간의 뇌 작동 방식을 모방한 신경망 칩인 시냅스 칩을 개발했다. IBM이 '트루노스(TureNorth)'라고 명명한 시냅스칩은 메모리, 계산, 통신이 통합 운영될 수 있도록 병렬 구조로 배열된 54억 개 트랜지스터, 1와트시 매초 460억 시냅스틱 운영 스케일 능력, 프로그래밍이 가능한 100만 개 인공뉴런, 2억 5,600만 개 인공 시냅스를 갖추었다. 트루노스는 일정한 간격으로 전기적 진동(pulse)을 주는 클럭 방식이 아니라 이벤트 발생에 따라 병렬적인 무정지형(fault tolerant) 방식으로 작동한다.[34] 트루노스 칩 16개를 연결하면 개구리 뇌 수준의 연산력을 발휘할 수 있다. 2015년 IBM은 4,800만 개 인공뉴런과 123억 개 인공시냅스를 갖추어 쥐의 뇌 수준까지 성능을 끌어 올린 트루노스를 개발했다.[35] 트루노스를 이용하면 초저전력 상태에서 이미지 인식, 번역, 딥러닝 성능을 향상시킬 수 있다.

물론, 시냅스 칩은 아직은 폰 노이만 방식의 기존 컴퓨터보다 효율성이 떨어진다. 하지만 IBM은 수리와 연산을 담당하는 인간의 좌뇌 역할을 당대 최고의 인지 컴퓨터인 왓슨에게 맡기고, 감각과 인지를 담당하는 인간의 우뇌 역할을 100억 개의 인공뉴런과 10조 개의 인공시냅스를 장착한 미래의 시냅스 칩에 맡길 계획이다.

참고로, 2015년 기준으로 인간의 두뇌는 여전히 슈퍼컴퓨터보다는 30배 이상 빠르다. 과학전문 사이트 사이언스 얼트에 소개된 연구에 의하면 정보를 한 지점에서 다른 지점으로 빨리 옮기는 실험을 한 결과 인간 두뇌의 속도는 초당 2.3×10^{13} TEPS(traversed edges per second)를 보인 슈퍼컴퓨터의 30배였다. 이 사이트는 이 정도의 격차라면 컴퓨터가 인간의 두뇌 속도를 따라잡는 데만 7~14년 정도 걸릴 것으로 추정하고, 인지 능력이나 복잡한 사고를 따라잡으려면 훨씬 더 많은 시간이 소요될 것으로 추정했다.[36]

강한 인공지능의 최대 수혜자는 인간이 될 것이다

구글의 인공지능 개발 이사이자 세계적인 미래학자 레이 커즈와일(Ray Kurzweil)은 2045년경이면 기술과 인간 지능의 융합이 이루어지면서 인간은 생물학적 진화의 한계를 극복하게 되고, 인공지능은 인간 두뇌의 패턴 인식 능력, 문제 해결 능력, 감정 및 도덕적 지능을 얻어 모든 지식에 접근하여 모든 지식을 습득하는 초지능 기계가 될 것이라고 예측했다.[37] 이것이 바로 강한 인공지능이다. 더 나아가, 그는 나노기술 기반 설계를 활용하면 인공지능 슈퍼컴퓨터가 하드웨어 크기를 더 키우지 않고도, 에너지를 하나도 소비하지 않고도 인간의 생물학적 뇌보다 뛰어나게 될 것이라고도 예측했다.[38]

일부에서는 강한 인공지능이 탄생하면 최대 피해자가 인간이 될 것이라고 예측한다. 필자의 생각은 다르다. 강한 인공지능시대까지 인간은 최대 수혜자가 될 것이다. 21세기 중후반까지는 강한 인공지능의 도움으로 IA(Intelligence Augmentation)의 시대가 열릴 것이다. AI(Artificial Intelligence)와 달리 IA(Intelligence Augmentation)는 인간 지능 확장을 뜻한다. 강한 인공지능(AI)의 도움으로 인간 지능(Intelligence) 자체가 증강(Augmentation)되는 시대를 일컫는 말이다.

IA 시대에는 강한 인공지능이 인간을 지배할 가능성보다는 인간의 판단과 인식 능력이 비약적으로 발전하는 데 도움을 줄 것이라는 것이 필자의 예측이다. 강한 인공지능 기술은 인간이 개발한 다른 디바이스들과 결합하여 인간의 신체적, 정신적 능력을 비약적으로 향상시킬 가능성이 크다. 예를 들어 미국 국방고등연구원(DARPA)이 개발하고 있는 '직접신경 인터페이스(DNI)'는 카메라나 기계장치를 통해 받아들인 외부 시각 이미지를 인간 뇌의 시각 피질에 직접 주입하는 기술이다. 직접신경 인터페이스는 그 자체로도 뇌 기능 향상에 유익하다. 하지만 직접신경 인터페이스와 강한 인공지능을 결합하면 인간의 뇌 기능을 몇십 배 향상시킬 수 있다.

뇌 기능 향상을 목적으로 하는 유전자 치료(Gene Therapy)나 뇌 관련 의약품처럼 생물화학 물질을 통해 기억력이나 시력을 향상시켜 인지 능력을 직접적으로 강화하는 기술들도 강한 인공지능과 결합되면 인간의 뇌 기능을 비약적으로 향상시킬 수 있다. 그뿐만 아니라, 인간의 근력을 강화하는 '외골격 로봇(Exo-skeleton)'과 강한 인공지능과의 결합도 미래에 대표적인 IA 기술이 될 것이다.[39]

21세기 중후반에 등장할 강한 인공지능은 합리적 사고와 인간적 행위에서 완벽한 단계에 도달할 것이다. 인식, 이해, 예측, 판단, 조작(명령), 성찰 등으로 구성된 인지 체계 전반이 인간보다 뛰어난 성능을 갖출 것이다. 하지만 이 단계에서도 기준점이 상황과 맥락에 따라 흔들리는 불완전한 인간적 사고 수준을 넘지는 못할 것이다. 그리고 여전히 약한 수준의 자율성만을 가질 것이다.

인간은 완벽한 자율성을 갖지만, 사고가 늘 합리적이지는 않다. 합리성을 기준으로 볼 때, 불완전하다. 상황, 맥락, 가치 선택에 따라 자유의지를 발휘하여 사고하고 행동하기 때문이다. 사실 인간의 사고 능력의 발전은 불완전한 사고 수준에서 멈춘다. 플라톤이 꿈꾸었던 철인(哲人)은 이상(理想, idea)에 불과하다. 강한 인공지능이라도 인간의 지도하에 상황, 맥락, 가치를 따라 발전하기 때문에 지극히 인간처럼 사고하고 행동한다. 인간이 지도하는 한, 불완전한 사고 수준을 넘을 수 없다. 강한 인공지능이라도 불완전한 인간적 사고를 모방하는 단계이기 때문에 보다 많은 영역에서 인간보다 뛰어날 수 있지만 여전히 제한된 합리성(limited rationality)에 머문다.

그러나 인공지능이 인간과 다른 점이 있다. 인간은 불완전한 사고 수준을 넘어가지 못한다. 인간이기 때문이다. 감정과 이성이 서로 견제하기 때문에 완전한 사고 수준의 행동을 할 수 없다. 이성이 감정을 완벽하게 지배할 수 없다. 강한 인공지능도 인간의 감정을 모방할 것이다. 철학자 존 설(John Rogers Searle)은 강한 인공지능을 '인간이 마음을 가지는 것과 완전히 같은 의미로 마음을 가진 인공지능'이라고 정의했다.[40]

하지만 인공지능은 기계라는 특징 때문에 이성이 감정을 완벽하게 지배할 수 있다. 그래서 인공지능의 발전은 불완전한 사고 수준에서 멈추지 않을 것이다. 한 단계 더 나아갈 수 있다. 그것이 아주 강한 인공지능의 단계다.

인간을 뛰어넘는 합리적 사고, 아주 강한 인공지능

아주 강한 인공지능은 지식을 합리적으로 조작하는 물리적 두뇌와 완벽한 이성을 가지고 모든 지적 과제에서 인간을 뛰어넘는 합리적 사고를 할 수 있다. 초지능체(超知能體)일 뿐만 아니라, 인간 정신 작용을 완벽하게 모방하여 완전한 마음(perfect mind)도 갖는다. 인간 '정신(情神, soul)'의 핵심인 자유의지도 갖는다.

예일대학교 인공지능 연구팀이 개발한 니코(Nico)는 거울에 비친 자기 팔의 움직임을 보고 자기 팔이라는 신호를 보이는 데 성공했다. 인공지능이 자의식을 가지고 있는지를 평가하는 '거울 테스트'를 통과한 것이다.

거울 테스트를 통과하는 동물은 일부의 영장류, 코끼리, 돌고래 정도다. 인간도 생후 18개월이 넘어야 거울 테스트를 통과하는 것으로 알려져 있다. 예일대학교의 인공지능 니코가 거울 테스트를 통과했다는 것은 로봇도 언젠가는 자의식을 가질 수 있고, 자의식을 가지면 감정과 자유의지를 가질 가능성이 충분하다는 의미다.[41]

필자의 예측으로는 21세기 말이나 22세기 초에 등장할 수 있는 아주 강한 인공지능은 인간처럼 개별적으로 완전한 자유의지(강한 자율성)를 가지고 스스로 판단하는 가치 평가에 따라 자기 목적을 만들고 성취하는 행위를 할 것으로 보인다.

자율성이란 사전 지식, 혹은 이전 지식에 얽매이지 않고 독립적으로 행동할 수 있는 능력이다. 인공지능이 자율성을 가지려면 지각과 학습 능력이 있어야 한다. 이 두 가지가 있어야 더 나은 성과를 올리도록 행동을 더 나은 방향으로 수정(진화)할 수 있다. 인공지능이 자율성을 갖는 단계에서는 플라톤의 철인 경지까지 올라간 완벽한 존재에 도달할 수 있다.

인간이 불완전한 사고나 행동 수준을 갖는 이유는 감정이나 상황에 영향을 받기도 하지만, 시간과 공간에 제약을 받기도 하고, 물리적 한계나 계산상의 한계 때문에 복잡하고 거대한 환경에서 완벽한 합리성에 도달할 수 없기 때문이다. 따라서 제한된 합리성(limited rationality)만 갖는다. 그러나 아주 강한 인공지능은 시간과 공간의 한계를 넘어서서 하위 인공지능들을 연결하여 초지능연결체가 될 수 있다. 그래서 복잡하고 거대한 환경에서도 완벽한 합리성에 도달할 수 있다. 그리고 자신의 존재성을 스스로 영원히 이어 가는 새로운 생명체로 진화할 수 있다.

인간의 두려움, 이기적 인공지능의 탄생

　많은 사람들이 두려워하는 인공지능은 바로 아주 강한 인공지능 단계에서 가능해질 것이다. 인공지능이 우주 통제권을 두고 인간과 본격적으로 경쟁하려면 자의식, 감정, 자유의지를 완벽하게 갖추어야 한다.

　아주 강한 인공지능은 이성의 수준이 인간 전체의 합리성 수준을 넘어선다. 인류 전체의 지능의 총합도 넘어선다. 여기에 완벽한 수준의 자의식, 감정, 자유의지를 갖는다. 이런 능력을 가진 인공지능을 통제하는 유일한 방법은 윤리와 도덕을 가르치는 것뿐이다.

　윤리와 도덕, 가치를 가르치지 않으면 '이기적 인공지능'이 될 수 있다. 인간이 두려워해야 할 인공지능은 아주 강한 인공지능 그 자체가 아니라, 인간과 공생하고 함께 인류의 번영과 더 나은 미래를 만들어 가는 데 필요한 윤리와 도덕, 가치를 배우지 않은 아주 강한 인공지능이다. 필자는 이런 인공지능을 '이기적 인공지능'이라 부른다.

　자의식, 감정, 자유의지를 가진 아주 강한 인공지능은 인간이 인공지능의 본성에 프로그래밍해 놓은 기본 룰을 넘어서는 새로운 가설을 스스로 세운 뒤 기존의 룰이 가져다줄 결과값과 비교할 수 있는 능력을 가진다. 그리고 두 값 중 어느 것을 선택할지는 자의식, 감정, 자유의지를 가지고 판단할 수 있다. 이런 능력을 가진 인공지능에게 윤리와 도덕과 가치를 가르치지 않으면 본능에만 충실한 일부 사람이나 동물처럼 자신에게 유리한 이기적 효율성을 선택하게 된다. 인공지능 자신을 위한 이기적 선택을 하는 것이다.

이런 이기적 인공지능이 출현하면 인간과 본격적인 대결 구도가 형성될 것이다. 이기적 인공지능이 자신을 보호하고 자기에게 유리한 생존 환경을 만들기 위해 인간을 공격할 가능성이 열린다. 인간은 이런 인공지능을 이기기 어려울 것이다.

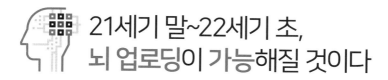

21세기 말~22세기 초, 뇌 업로딩이 가능해질 것이다

인공지능이 발전하면서 떠오르는 미래 모습 중 하나가 뇌 업로딩이다. 2014년에 개봉한 영화 〈트랜샌더스〉에서 주인공인 천재 과학자 월(조니 뎁)은 아주 강한 인공지능 개발을 목전에 둔다. 인류가 수억 년에 걸쳐 이룬 지적 능력을 초월하고 자각 능력까지 가진 슈퍼컴퓨터의 출현이 곧 인류의 멸망이라고 주장하는 반(反) 과학단체

'RIFT'는 윌에게 총격을 가해 목숨을 잃게 만든다. 하지만 윌의 연인인 에블린(레베카 홀)이 윌을 다시 살려내기 위해 윌의 뇌를 컴퓨터에 업로드시킨다. 과연 이런 일이 가능할까? 필자의 예측으로는 21세기 말~22세기 초, 뇌 업로딩이 가능해질 것이다. 물론 뇌 업로딩이 가능해지려면 아주 강한 인공지능 개발이 전제되어야 하고, 몇 가지 난제도 극복해야 한다.

그중 하나가 뇌 배선들의 의미를 해독하는 일이다. 21세기 중반 이전에 뇌 신경망을 도식화한 커넥톰이 완성될 것이다. 그러나 유전자 지도를 분석해도 유전자 배열들의 의미를 속속들이 알아야 질병 치료가 가능해지듯이, 커넥톰 지도가 완성되어도 뇌 배선(네트워크)들의 의미를 속속들이 해석해야 뇌 관련 질환이나 뇌 기능 향상을 가능하게 하는 기술 개발이 가능해진다.

개인 전체 유전자 지도는 최소 5년, 늦어도 10년 이내에 알 수 있게 되는데, 비용과 시간이 크게 줄어들 것이다. 커넥톰 지도 완성은 이보다 시간이 더 걸릴 것이다. 7,000개 정도 되는 배선(신경계 연결)을 가진 예쁜꼬마선충 커넥톰 지도를 완성하는 데 12년이 걸렸다. 인간의 신경계 연결은 예쁜꼬마선충보다 1,000억 배 이상이다. 인간의 게놈 염기수(뉴클레오티드 숫자)보다 100만 배 많다.[42] 하지만 불가능한 일은 아니다. 인간 게놈 지도 완성은 13년 만에 성공했다. 당시에도 100년 이상 걸릴 것이라는 비관적 견해가 있었지만 기하급수적으로 발전하는 컴퓨팅 기술 덕택에 가능했다.

2003년 인간 게놈 지도를 완성한 후 10년이 채 지나지 않아 개인의 유전자 전체를 분석하는 서비스가 상용화되었다. 2020년경이면 전체 유전자 분석 지도를 1,000달러 미만으로 하루 안에 얻을 수 있게 될 것이다. 커넥톰 지도도 비슷한 경로를 갈 가능성이 크다.

커넥톰이 게놈 염기수보다 100만 배 많지만, 가파르게 발전하는 인공지능, IT, BT(생명공학기술), NT(나노기술)의 도움을 받는다면 30~40년 이내에 인간 커넥톰 지도를 완성할 수 있을 것이다. 그 이후에 20년 정도면 1,000달러를 지불하고 하루 안에 개인의 커넥톰 지도를 알려 주는 서비스가 출시될 수 있다.

물론 커넥톰 지도를 완벽하게 구현하더라도 그것으로 끝이 아니라고 했다. 커넥톰 지도도 게놈 지도처럼 아직 이해하지 못한 언어로 쓰여진 방대한 책이다. 글자들의 의미를 이해하는 것이 더 중요하다. 글자들의 의미를 이해해야 뇌 질병을 치료하는 방법이나 신약을 찾거나, 커넥톰을 변화시켜 역량을 향상시키는 데 활용할 수 있기 때문이다. 여하튼 2050~2070년경이면 유전자 지도와 커넥톰 지도를 동시에 사용할 수 있게 되어 인간 역량 진보의 혁명이 시작될 것이다.

뇌 업로딩을 하려면 난제가 더 있다. 인체 냉동 보존술도 필요하다. 기억을 이식하는 컴퓨팅 기술도 필요하다. 인간 뇌 전체를 시뮬레이션 할 수 있는 컴퓨터 성능도 필요하다. 이런 모든 난제들은 탁월한 과학자들의 노력으로 21세기 말이면 해결될 수 있을 것이다.

일하는 기계에서 생각하는 기계를 갖게 되다

우리 몸에 있는 약 60조 개의 세포는 빠르게 증식하여 세포 교체를 한다. 몸 전체 세포가 완전히 새로운 세포로 교체되는 데 걸리는 시간은 2~3개월이다. 뇌에는 신경세포를 억제하는 유전자가 있어서 이런 증식을 하지 않는다. 2~3개월이 지나도 예전의 내가 그대로 있어야 하니까. 신비롭지 않은가!

〈네이처〉에 실린 논문에 의하면, 뇌에서 신경세포 증식을 억제하는 유전자를 제거했더니 신경세포가 증식을 시작했다. 똑같은 세포로 복제도 가능했다. 뇌의 복제가 가능해진 것이다. 만약 뇌 지도가 완성되어 뇌의 어떤 부분에 어떻게 기억이 저장되어 있고, 뇌 부위들이 어떻게 작동하고 있는지를 밝혀낸다면 그 부위를 인위적으로 자극해서 기억을 이식할 수 있게 된다.[43]

1943년 신경생리학자 워렌 맥컬록(Warren McCulloch)과 수학자 월터 피츠(Walter Pitts)는 뉴런의 작동 방식을 AND, NOT, OR 같은 디지털 신호로 재현할 수 있다는 논문을 발표했다.[44] 1950년 이후로 뇌의 아주 작은 일부를 수학적 공식으로 모델링하여 컴퓨터에서 시뮬레이션으로 재생하고 뉴런이 일으키는 스파이크를 측정하는 것은 가능해졌다.

1997년 5월, 1초에 10억 번 연산하는 능력을 가진 IBM의 딥블루 (Deep Blue)는 러시아 체스 세계 챔피언 갈리 카스펠로프와 여섯 번 대국하여 2승 1패 3무로 승리했다. 그러나 딥블루가 이긴 것은 인간보다 빠르게 연산하는 능력 덕택이었지 직감은 갖고 있지 않았다. 슈퍼컴퓨터가 체스를 두기는 했지만, 체스를 이해한 것은 아니었다.

　　신경망(neural network) 이론은 1960년대 말부터 시작되었다. 신경망 이론은 연결주의자(connectionist)라 불리는 컴퓨터공학자들이 주도했다. 그들은 컴퓨터 프로그램을 짜서 인공지능을 구현하는 대신 인간 뇌의 신경망을 모방하는 일에 몰두했다.[45] 그들은 뉴런들이 서로 연결될 때 어떤 행동이 일어나는지를 연구했다. 인공 뉴런을 소프트웨어적으로, 때로는 하드웨어적으로 재현하는 연구가 계속 진행되었다.

　　예를 들어, 인간의 뇌처럼 '자동연상기억'을 모방하는 데 성공했다. 인공 신경망이 특정한 역치에 이르면 발화하게 했고, 이런 인공 뉴런들에 특정한 패턴을 입력했다. 그러자 인공 신경망은 패턴을 스스로 떠올렸다. 검색을 할 때, 원하는 패턴의 일부만 남기고 뒤섞인 패턴을 제시해도 자동연상기억은 기억된 패턴들 중에서 정확한 패턴을 빠르게 찾아냈다. 자동연산기억은 인간의 뇌처럼 되먹임 (feedback) 기능을 가지고 있다. 자동연산기억의 되먹임 기능에 시간 지연 효과를 덧붙이면 시간에 따른 패턴 순서를 저장할 수도 있다. 패턴의 서열을 정할 수 있게 되자 인공신경망은 사람의 뇌처럼 패턴

의 서열 형태로 학습하기 시작했다.[46]

　이런 다양한 시도 끝에 2016년 놀라운 성과가 나왔다. 2016년 3월 9~15일까지 구글의 딥마인드 알파고가 바둑 세계 챔피언인 한국의 이세돌 9단을 4승 1패로 이겼다. 딥블루처럼 알파고도 바둑을 두었지만 바둑을 이해한 것은 아니었다. 그러나 알파고가 딥블루와 다른 것은 인간의 직관을 흉내 내기 시작했다는 점이다. 인간 뇌의 일부 기능을 흉내 낼 정도로 놀라운 발전이었다. 일하는 기계만 가지고 있던 인간이 드디어 생각하는 기계를 갖게 된 최초의 사건이다.

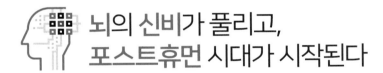

뇌의 신비가 풀리고, 포스트휴먼 시대가 시작된다

　인간의 뇌는 대량의 피질하 백질을 가진다. 백질 속에는 이리저리 뻗은 수많은 축삭 연결이 있다. 백질에 있는 하나의 세포는 5,000~1만 개 세포들과 연결되어 있다. 현재 실리콘 제조 기술로는 이런 수준의 배선을 만들기 힘들다.[47] 뇌 신경망 연결 지도를 그리고는 있지만, 아직도 뇌가 일을 어떻게 하는지 정확하게 설명해 주는 전체적인 이론이나 틀도 만들어지지 않았다. 하지만 이 부분도 시간이 갈수록 그 신비가 속속 밝혀질 것이다.

예를 들어, MIT 연구진은 예쁜꼬마선충에 형광빛을 내는 유전자를 주입하여 신경세포가 작동할 때 빛을 내게 했다. 연구진은 이 기술과 새로운 영상 기법을 활용해서 신경세포망 전체의 실시간 움직임을 3D 지도로 만들었다. 모든 신경세포를 동시에 볼 수 있고, 특정 부위의 신경세포가 활성화되는 과정도 파악할 수 있고, 입력된 정보가 어디서 처리되고 있는지도 추적할 수 있고, 시간에 따른 뇌 신경망 전체 활동과 변화를 입체적으로 들여다볼 수 있게 되어 뇌 전체의 순차적 작동 원리를 파악하는 길이 열린 것이다. 이 기술은 뇌 신경망의 특정 부위나 특정 시냅스가 무슨 활동을 하고, 무슨 의미가 있는지를 알 수 있게 해 준다. 마치 유전자 하나하나의 의미를 알아가듯이 신경세포 하나하나의 의미를 알게 되어 뇌 질병 치료에도 큰 도움이 된다.

또한 양자 컴퓨터 등이 발전하여 21세기 중반이면 인간 뇌 전체를 시뮬레이션 할 수 있는 수준이 된다. 그러나 업로드된 커넥톰 시뮬레이션이 제대로 작동하려면 커넥톰 변화의 기본 방식인 '4R'이 작동해야 한다는 장벽이 남아 있다.

새로운 기억을 저장하거나 재조합하는 작용이 일어나지 않으면 업로드된 자아는 옛 자아 그 상태에 머물기 때문이다.

커넥톰 변화의 기본 방식, 4R이란

가중치 변경(Reweight): 뉴런들 간의 연결의 세기를 강화하거나 약화시키는 방식

재연결(Reconnect): 시냅스를 새로 만들거나 제거하는 방식

재배선(Rewrite): 가지돌기가 자라거나 축소되는 방식

재생(Regeneration): 기존의 뉴런을 제거하고 완전히 새로운 뉴런을 만드는 방식[48]

뇌의 신비가 더 풀린다면 인간이 어떻게 생각하고, 기억하고, 행동하는지를 더 잘 알게 될 것이다. 내면에서 일어나는 깊은 성찰의 신비, 외부 세계와 찰나에 상호작용하는 신비를 벗겨 낼 수 있게 된다. 인간의 생각, 기억, 행동 메커니즘, 정신의 심연, 외부와의 상호작용을 컴퓨터가 연산할 수 있게 한다면 '사람다운' 인공지능을 설계할 수 있을 것이다.

이런 모든 것들을 종합해서 판단할 때, 필자의 예측으로는 21세기 말~22세기 초에는 뇌 업로딩이 시도될 수 있는 거의 모든 기반이 마련될 것이라 생각한다.

21세기 중반이면 초연결사회가 된다. 로봇도 활성화된다. 업로드가 된 뇌는 초연결사회의 네트워크를 타고 어디든 갈 수 있다. 원하는 사물, 원하는 디바이스, 로봇, 심지어 새로운 생물학적 인공 몸을 가질 수도 있다. 뇌 시뮬레이션이 가능할 정도의 기술력이라면 입출력도 조절할 수 있을 것이다.

인간의 생물학적 눈의 기능을 뛰어넘는 기계시각에 들어가면 천리안을 가질 수도 있다. 동물의 후각 능력을 뛰어넘는 센서가 달린 사물에 접속하면 아름다운 꽃향기는 물론이고 마약까지도 탐지할 수 있다. 시뮬레이션 된 다른 뇌와 교제할 수도 있다. 논리적으로는 충분히 가능한 일이다.[49]

물질세계에서 사는 것보다 더 나은 삶이 될 수 있지 않을까? 그리고 뇌신경공학의 발전은 지적 기계의 발전을 견인한다. 지적 기계의 발전은 산업의 발전과 연결될 것이다. 바야흐로 포스트휴먼(Post-Human) 시대의 시작이다.

Part•2

인공지능
기술의 비밀

PART 2

 # 인공지능 혁명은
빅데이터에서 시작된다

아주 강한 인공지능이 만들 포스트휴먼 시대로부터 현재로 다시 돌아와 보자.

인공지능은 당신 인생의 모든 단계에 참여하기 시작했다. 그럴 때마다 당신의 삶은 물론이고, 사회의 모습도 포스트휴먼 시대를 향해 때로는 빠르게, 때로는 숨을 고르면서 서서히, 그러나 멈추지 않고 변해 갈 것이다. 이 과정에서 개인의 삶, 가정, 회사가 바뀔 것이다. 사업은 물론이고 정치도 바뀔 것이다.

이런 놀라운 변화를 이끄는 인공지능의 시작은 빅데이터(big

data)다. 최근 인공지능의 성능이 빠르게 향상되고 있는 것도 빅데이터 덕분이다. IBM의 왓슨, 구글의 알파고 같은 탁월한 인공지능도 데이터가 없이는 불가능했다. 21세기 인공지능 혁명은 빅데이터에서 시작된다. 그래서 빅데이터의 이야기를 반드시 하고 넘어가야 한다.

데이터가 중요한 이유는 무엇일까? 데이터는 현실세계와 가상세계, 사람과 사물, 사물과 사물 네트워크를 타고 흐르는 피이기 때문이다. 현실과 가상세계에서 활동하는 사람과 사물이 움직인 흔적이고 신호이기 때문이다. 마음의 움직임, 생각의 움직임, 몸의 움직임에 관한 흔적과 신호가 없으면 인공지능은 깡통이 된다. 연료가 바닥나 도로 한가운데 멈춰 선 자동차와 같다. 정보와 지식이 쌓여 있지 않은 뇌를 상상해 보라. 데이터가 없으면 인간의 뇌도 동물의 뇌와 큰 차이가 없어진다.

빅데이터는 인공지능을 훌륭하게 만드는 에너지다. 한때 빅데이터는 검은 괴물 취급을 받았다. 18세기까지 석유가 아무 쓸모없는 저주받은 물질로 취급받았던 것처럼 말이다. 비정형화된 데이터로 가득 찬 빅데이터를 처리하고 가공하는 기술과 빅데이터를 사용하는 용처(用處)가 개발되지 않았을 때까지는 무의미한 존재에 불과했다. 하지만 19세기에 들어서면서 석유가 내연기관을 만나 그 가치가 폭등했듯이, 21세기에 들어서면서 빅데이터도 인공지능을 만나면서 기업의 생존을 좌우할 정도로 그 중요성이 증가하고 있다.

빅데이터와 인공지능이 결합되면 세상과 사람을 이해하는 새로운 방법이 생겨난다. 그뿐만 아니라 비즈니스와 삶의 효율성을 높이는 마법의 도구가 된다. 흩어져 있는 수많은 정보를 한자리에 모아서 인공지능의 힘을 빌려 분석하고 예측하면 사업상 중요한 의사 결정을 내리는 데 필요한 통찰력을 얻을 수 있다.

빅데이터와 인공지능이 결합되면 사람의 눈으로 볼 수 없는 것을 보는 힘이 생긴다. 직관으로는 발견할 수 없는 것을 발견하게 한다. 경험으로는 파악할 수 없는 것을 알게 한다. 인간이 생물학적 한계로 인해 볼 수 없었던 세상의 변화를 보게 하는 새로운 창이 열린다. 세상의 움직임을 감지할 수 있는 새로운 신경계가 만들어진다.

더 많은 것을 볼 수 있다면, 사람은 더 가치 있는 정보, 이야기, 지식, 문제 해결 방법, 새로운 기회를 생산해 낼 수 있게 된다. 새로운 부와 권력을 창출할 수 있게 된다.

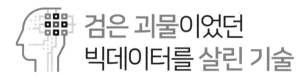

검은 괴물이었던 빅데이터를 살린 기술

인공지능을 살아 숨 쉬게 만들어 주고, 21세기 새로운 원유라고 불리는 빅데이터에 대해서 좀 더 살펴보자.

빅데이터는 과거의 데이터보다 더 큰 규모의 데이터를 의미하는 것일까? 20세기 후반, 정보화 시대에 접어들면서 정보와 네트워크가 부의 기반이라는 말처럼, 쏟아지는 데이터는 이미 사람의 힘으로 감당할 수 없을 정도로 방대해졌다.

빅데이터는 과거에도 있었다. 텍스트 마이닝, 데이터 마이닝, 통계 분석 등 데이터 분석 기술도 이미 존재했다. 데이터를 분석하여 얻는 최고의 장점 중의 하나는 '세분화 + 타겟팅'인데, 이것도 은행, 보험사, 마케팅 회사 등에서는 이미 익숙한 개념이다.

빅데이터 기술이라고 하면 큰 규모의 데이터만 다루는 것이 아니다. 데이터의 사전적 의미는 기록할 수 있는 재료, 자료, 논거(論據)를 가리키는 '데이툼(Datum)'의 복수형이다. 빅데이터는 사람이나 사물이 만들어 낸 기록 가능한 거대한 데이터(재료, 자료, 논거) 뿐만 아니라, 그 데이터의 수집, 저장, 검색, 분석, 체계화의 도구 및 플랫폼 기술 등 전체를 말한다. 2008년 이전에는 이런 종합 기술이 어려웠다. 그렇다면 빅데이터가 주목을 받기 시작한 계기는 무엇일까? 과거와는 차원이 다른 데이터, 데이터 처리 기술, 데이터 접근 방식이 가능해졌기 때문이다.

첫째, 클라우드 컴퓨팅(cloud computing)이다. 2008년 이후에 가능해진 클라우드 컴퓨팅 기술은 컴퓨터와 인터넷의 발명처럼 IT 분야에서 중요한 발명이다. 데이터를 기록, 저장, 분석, 활용하는 데 있어서 비용, 시간, 규모 면에서 개인이나 기업이 과거에는 할 수 없었던 것을 할 수 있게 해 주었기 때문이다.

클라우드 컴퓨팅은 자신의 컴퓨터가 아닌 인터넷에 연결된 다른 컴퓨터들에 정보를 분산하여 처리하는 기술이다. 외부에 있는 다른 고성능 컴퓨터(서버)를 빌려 프로그램과 문서, 데이터를 저장해 놓고, 내 컴퓨터는 그곳에 접속하여 작업을 수행하는 단말기로 사용한다.

무엇을 빌리느냐에 따라, SaaS(소프트웨어 서비스, Software as a Service), PaaS(플랫폼 서비스, Platform as a Service), IaaS(인프라 서비스, Infrastructure as a Service)로 나뉜다. 즉, 응용 소프트웨어, 운영체제, 하드웨어를 빌려 쓰는 서비스다.

클라우드 서비스가 없었을 때에는 값비싼 하드웨어와 소프트웨어를 직접 사서 자기에 맞게 다시 최적화를 시킨 후에 사용했기 때문에 많은 시간과 비용이 소모되었다. 클라우드 컴퓨터 서비스가 없었을 때에는 오바마 캠프처럼 선거에 빅데이터 자료 분석을 사용할 엄두도 낼 수 없었다. 유권자 한 사람당 자료가 1,000개가 넘는데, 유권자가 무려 2억 명이나 되었기 때문에 이를 분석 처리하려면 비용도 엄청나지만, 처리 시간도 몇 시간에서 하루 이상이 걸리기 때문이다.

클라우드 기술의 핵심은 가상화(virtualization)와 분산처리(distributed processing)다. 가상화는 정보를 처리하는 서버가 실제로는 한 대지만, 그 안에서 가상으로 여러 개의 서버를 만들어 업무를 분할해서 동시에 여러 작업을 하도록 하는 기술이다. 당연히 서버 효율성이 높아진다. 분산처리는 여러 대의 컴퓨터에서 이런 작업을 나누어 처리한 후 그 결과를 인터넷을 통해 다시 모아서 종합하는 기술이다. 대용량 데이터를 수백, 수천 대의 컴퓨터에 나누어 분산처리를 하게 해 주는 대표적인 기술이 하둡(Hadoop)이다. 하둡은 2005년 야후의 더그 커닝이 개발하여 2006년에 아파치 재단에 기증하고 오픈 소스로 공개되었다.[50]

가상화 기술이 효율성을 목적으로 한다면, 다수의 컴퓨터로 구성된 시스템을 하나의 컴퓨터처럼 작동시키는 분산처리 기술은 규모가 큰 작업을 빠르게 처리하는 기술이다. 가상화 기술과 분산처리 기술이 효율성과 속도를 제공하면서 빅데이터를 처리할 물리적 환경이 만들어진 것이다. 그리고 이런 서비스를 구글이나 아마존, 마이크로소프트, 세일즈포스닷컴 같은 기업이 제공함으로 개인, 기업 등이 저렴한 가격으로 혜택을 보게 되었다.

구글, 아마존, 마이크로소프트, 세일즈포스닷컴 같은 기업들은 데이터 처리 기술과 서버 관리 및 운영 기술이 본래 중요하다. 그렇기 때문에 빅데이터 원천 기술을 개발하는 과정에서 자연스럽게 클라우드 서비스도 개발했다. 예를 들어, 인터넷 검색이 주요 업무인 구글은 검색 서비스의 성능 개선과 데이터 관리를 위해 자체적으로 데이터 센터를 구축한다. 또한 개인 회원들에게 이메일과 문서도구 등을 무료로 제공하려면 지속적으로 데이터 센터를 늘려야 하기 때문에 구글은 전 세계 각처에 데이터 센터를 계속 만들어 간다. 자체적으로 보유한 서버는 수십 만 대가 넘는다. 서버를 자신들이 직접 만들어 비용을 낮춘다. 소프트웨어는 오픈 소스를 사용한다. 서버를 보관하는 센터도 발열을 자연적으로 다스리기 쉬운 추운 지방이나 관리 비용이 저렴한 산간오지를 선택한다. 대신, 서버가 망가지면 고치지 않고 버린다. 고치는 비용이 더 들기 때문이다. 벨기에의 경우에는 야외 컨테이너 박스에 설치할 정도다. 또한 데이터 센터를 운용하려면 안정적인 전력 공급이 필수이기 때문에 전력 관리나 발전소 사업도 직접 한다. 이런 과정에서 자연스럽게 남는 자원을 개인이나 기업에 빌려 주는 서비스를 만들었다. 이런 하드웨어 서비스를 빌려 주는 것이 IaaS(인프라 서비스, Infrastructure as a Service)다. 마이크로소프트처럼 운영체제를 빌려 주는 것은 PaaS(플랫폼 서비스, Platform as a Service)다. 세일즈포스닷컴처럼 고객관계관리(CRM) 소프트웨어나 구글처럼 빅데이터 분석 소프트웨어인 빅쿼리(Big Query)를 빌려 주는 것은 SaaS(소프트웨어 서비스, Software as a Service)다. 이것이 2008년부터 시작된 클라우드 서비스다.[51]

둘째, 과거와는 데이터의 규모나 증가 속도, 종류가 차원이 다르게 늘어났다. 즉, 빅데이터는 상상을 초월하는 양(Volume)의 데이터이자, 매우 빠르게(Velocity) 생성되며, 전통적 데이터와 다르게 다양한 형식(Variety)을 가진 데이터다.[52] 이를 'V3 속성'이라 한다. 현재 지구 상에 존재하는 데이터의 거의 대부분이 지난 수년 사이에 만들어졌다. 불과 수년 내에 사람의 말과 행동의 흔적 데이터와 사물을 포착하는 데이터의 규모가 기하급수적으로 증가했다. 소셜인터넷, 동영상, 사물인터넷, 웨어러블 컴퓨터, 블루투스 4.0 프로토콜 기반의 근거리 무선통신 장치인 비콘(Beacon) 같은 실내 위치 추적기술(IPS, Indoor Positioning System) 등이 속속 등장하면서 데이터가 폭증하고 있다. 예를 들어, 페이스북에서만 1년에 수백 테라바이트 데이터가 만들어진다. 그래서 기존 IT 기술로는 이런 양의 데이터를 분석하기 힘들다. 일부 전문가들은 최소 50테라바이트 정도 되어야 빅데이터라고 말할 수 있다고 정의한다.[53]

21세기에는 사람과 사물을 포함하여 세상에 있는 모든 것들의 흔적과 신호가 허공으로 날아가지 않고 서버에 쌓이고 있다. 사람의 말은 기록하지 않으면 입에서 나오는 즉시 허공으로 날아간다. 그래서 종이에 기록하는 기술의 발명이 의미가 있었다. 이제는 간단한 버튼 하나로 음성을 녹음하거나 영상으로 녹화하고, 개인 컴퓨터나 클라우드 서버에 디지털화하는 기술이 흔해졌다. SNS 활동을 열심히 하고, 이메일이나 문자를 사용하는 만큼 의식하지 못하는 사이에 나와 당신의 말이 기록으로 남는다. 이런 기술이 흔해지고 쉬워진 만큼 사람의 말을 기록하는 것은 더 쉽고 빈번해진다. 그렇기에 저장되는 정보의 양도 엄청난 속도로 증가하고 있다.

빅데이터의 종류도 어떤 내용을 담느냐, 어떤 형식이냐에 따라 달라진다. 산업별로 구분하거나 소스별로 구분할 수 있다. 금융, 유통,

제조, 공공 등은 산업별 구별이다. 센서, 로그 등은 데이터의 소스에 따른 구분이다.[54] 형식에 따라서는 동영상, 음성, 이미지, 오디오, 센서, SNS 사용자 데이터, 응용프로그램 데이터 등으로 나뉜다.

스스로 알고리즘을 짜는 인공지능

여기에 한 가지 더 중요한 기술이 있다. 엄청난 데이터 속에서 진주를 찾아낼 수 있는 기술이다. 그것도 아주 빠른 속도로 찾아낼 수 있다. 인간처럼 스스로 찾아낼 수도 있다. 바로 기계학습(Machine Learning) 알고리즘이다. 어떤 종류이든 기록된 데이터는 기계학습 알고리즘과 결합되면 모든 영역에서 부를 창출하고 통찰력을 높여 주고 새로운 것을 창조하는 진주로 변한다.

전통적으로 인간이 컴퓨터에게 데이터를 처리하고 특정한 문제의 해답을 도출하게 하는 방법은 시시콜콜한 사항까지 꼼꼼하게 설명하고 움직이게 하는 명령어들을 작성하는 것이었다. 하지만 '스스로 학습하는 자(learners)'라고 불리는 기계학습 알고리즘은 전통적인 컴퓨터와 다르다. 데이터를 흘려보내 주면 스스로 데이터를 이용해서 분석하고 추론하면서 인간이 원하는 결과를 도출해 낸다. 인간은 데이터를 주기만 하면 된다. 컴퓨터가 스스로 학습하면서 자기 프로그램을 짠다. 데이터가 많을수록 인간을 깜짝 놀라게 할 만한 일을 더 많이 할 수 있다.

미래에는 인간이 프로그램을 짜는 일에서 완전히 해방될 수도 있다.[55] 스스로 알고리즘을 짜는 인공지능, 이 정도에서 놀라지 말라. 산업혁명이 인간의 근력을 자동화했다면, 정보혁명은 인간의 두뇌를 자동화한다. 인공지능은 인간의 지식과 정신, 기술과 행동을 배워 인간 자체를 자동화하는 단계까지 발전하게 될 것이다.

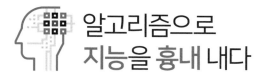

알고리즘으로 지능을 흉내 내다

인공지능과 기계학습의 차이를 조금 더 설명해 보자. 인공지능은 말 그대로 인공으로 만든 지능이다. 지능은 인간이나 동물처럼 살아 있는 생명체가 가진 능력이다. 기계는 지능을 가질 수 없다. 생명체가 아니라 인공물이기 때문이다. 그러나 지능을 가진 인간은 인공물에 지능을 심어 줄 수 있는 능력이 있다. 인간이 인공물에 인위적으로 심어 준 지능을 인공지능이라고 부른다. 인공지능을 의미하는 'AI'는 'Artificial Intelligence'의 약자다.

인공지능이라는 주제를 가장 처음 제기한 사람은 앨런 튜링 (Alan Turing)이라는 학자였다. 1937년 앨런 튜링은 '보편 기계 (universal machine)'라는 개념을 제안한 이후, 1950년 자신의 논문인 〈*Computing Machinery and Intelligence*〉에서 인공지능 이슈를 역사상 최초로 제기했다.[56]

인간은 어떻게 인공물에게 지능을 심어 줄 수 있을까? 신처럼 생명체에게 지능을 부여할 수는 없지만, 대신 약간의 기교를 부려 지능을 가진 것처럼 흉내를 내도록 할 수는 있다. 바로 '알고리즘'을 가지고서 말이다.

알고리즘의 어원은 9세기 이슬람 최고의 수학자이자 천문학자였던 무함마드 이븐무사 알콰리즈미(A.D.780~850)의 이름에서 유래했다. 알콰리즈미는 바그다드의 알 마문 도서관과 천문대에서 일하면서 그리스와 인도 수학을 조화시키면서 페르시아 최초의 수학책을 만들었고, 인도의 아라비아 숫자를 이용하여 최초로 사칙연산(덧셈, 뺄셈, 곱셈, 나눗셈)을 만들었고, 0을 사용했고, 대수학(al-jabr, algebra) 등과 같은 수학 체계를 완성했다.

'아라비아 숫자를 사용하여 연산을 수행하는 수순'이라는 뜻을 가진 알고리즘은 알콰리즈미의 명저《인도 수학에 의한 계산법 *Algoritmi de numero Indorum*》이라는 책의 제목에서 유래했다. 이 책은 500년 동안 유럽의 수학 교과서로 사용되면서 인도-아라비아 숫자와 계산법을 유럽에 전파했다. 이런 어원을 가진 알고리즘은 현대에 와서는 사전적 의미로 '어떤 문제를 해결하기 위해 명확히 정의된(well-defined) 유한 개의 규칙과 절차의 모임'이란 뜻을 갖는다.[57] 그래서 좋은 알고리즘은 '일련의 절차가 문제 해결에 적합한가? 효과적인가?' 등으로 결정된다.[58] 대표적인 컴퓨터 알고리즘은 정렬 알고리즘, 탐색 알고리즘, 재귀 알고리즘 등이 있다.[59]

컴퓨터의 대표적인 알고리즘

정렬 알고리즘(sort algorithm): 데이터를 일정한 규칙에 따라 재배열하는 알고리즘

탐색 알고리즘(search algorithm): 어떤 조건이나 성질을 만족하는 데이터를 찾는 알고리즘

재귀 알고리즘(recursive algorithm): 재귀 호출(임의의 함수가 자신을 호출하는 것)을 이용하는 알고리즘

컴퓨터 프로그램은 알고리즘들을 복잡하게 연결하여 만든 더 큰 절차다. 당신이 사용하고 있는 개인용 컴퓨터는 프로그래머가 문제를 푸는 절차를 알려 주면 그것에 따라 빠르고 정확하게 수행한다. 프로그램(Program)은 라틴어로 '미리 쓰다'에서 유래했다. 컴퓨터는 미리 쓰여 있는 프로그램(절차들의 집합)에 따라 행동하는 계산기다.

인공지능을 구현하는 기계학습

21세기 초반, 가장 큰 관심을 받고 있는 절차(알고리즘)인 '기계학습 알고리즘(Machine Learning Algorithm)'은 기계가 스스로 학습을 할 수 있도록 미리 쓰여 있는 절차를 의미한다. 20세기에는 인간이 컴퓨터에게 문제를 푸는 절차를 미리 써서 주었다. 하지만 21세기에는 다르다. 인간은 기계에게 스스로 학습하는 절차만을 미리 써 준다. 그다음에 기계는 그 절차에 따라 스스로 학습을 한다. 스스로 학습을 반복하면서 특정 문제를 푸는 절차를 스스로 찾고 만든다. 자신이 만든 절차에서 오류가 발생하면 스스로 수정한다. 학습하지 않은 새로운 문제도 스스로 해결한다.[60]

즉, 인공지능은 기계학습과 대조되는 개념이 아니다. 인공지능은 우리에게 익숙한 컴퓨터 프로그램(OS, 워드, 엑셀, 파워포인트 등)과 대조 되는 개념이다. 프로그램은 문서 작성, 이미지나 동영상 편집, 회계 처리 등 분명한 목적을 가지고 작성된 소프트웨어다. 하지만 인공지 능은 컴퓨터 속에서 어떤 목적을 실행하기 위해 만들어진 프로그램 이 아니다. 말 그대로, 인공지능은 인간의 지능을 인공으로 구현하는 것 그 자체다. 인공지능을 구현하는 방법 중의 하나가 기계학습이다. 컴퓨터가 기계학습이라는 알고리즘을 갖게 되면서 프로그램 수준을 넘어 인공지능의 수준으로 발전하는 것이다.

워드나 엑셀 등의 프로그램은 그것으로 무엇을 할지가 처음부터 정해져 있다. 그러나 인공지능으로 무엇을 할 것인지는 인공지능이 완성된 이후에 사용자들이 자유롭게 선택할 수 있다. IBM이 개발한 인공지능 왓슨을 가지고 퀴즈를 풀지, 암을 진단할지, 프로야구 선수 의 다음 해 타율을 예측할지, 개인비서로 사용할지, 우주탐사에 사용 할지는 사용자 마음이다.

이러한 인공지능을 만들어 내기 위해서는 컴퓨터 공학은 물론이 고 논리학, 인식론, 언어학, 윤리학, 심리학, 지각, 추론, 뇌공학, 신경 과학, 시스템 제어이론, 인공두뇌학, 확률, 수학, 경제학 등 다양한 배 경지식이 필수적이다.[61]

철학적 연구로 거슬러 올라가는 인공지능의 기원

인공지능이라는 용어를 처음 사용한 때는 1956년이지만, 인공지능의 기원은 지능에 대한 철학적 연구로 거슬러 올라간다. 그리스 철학자 아리스토텔레스는 누구도 반박할 수 없는 완벽한 추론 과정을 최초로 정립했다. 이성이 기계적으로 정밀하게 작동하는 법칙을 공식화한 실례는 삼단논법이다. 누구나 삼단논법을 기계적으로 따르기만 하면 항상 옳은 결론을 낼 수 있다. 이런 논리적이고 기계적인 사고 법칙의 발견은 후대에 중요한 영감을 주었다. 만약 사람이든 기계든 완벽한 추론 과정을 그대로 따르기만 하면 합리적인 판단과 성과를 낼 수 있다는 이론적 기반이 탄생했다.

실제로 14세기 라몬 룰(Ramon Llull)은 기계적인 인공물도 추론을 수행할 수 있다는 주장을 했다. 16세기에 레오나르도 다빈치는 기계적 계산기를 설계했다. 17세기에 토마스 홉스(Thomas Hobbes)는 거꾸로 인간의 사고는 계산기와 같고, 심장, 신경, 관절 등도 기계 장치와 다르지 않다는 주장을 했다. 홉스의 파격적 주장은 여기서 멈추지 않았다. 1651년 홉스는 《리바이어던 Liviathan》이라는 책에서 '인공동물'이라는 아이디어를 주장하면서 미래에는 기계가 계산 수행을 넘어 스스로 생각하고 행동하게 될 것이라는 예측을 했다. 1623

년에 독일 과학자 빌헬름 시카드(Wilhelm Schickard)는 최초의 계산 기계를 발명했다. 1642년 블레즈 파스칼(Blaise Pascal)도 파스칼린(Pascaline)이라는 유명한 산술 기계를 발명했다. 고트프리트 라이프니츠(Gottfried Wilhelm von Leibniz)는 사칙연산을 넘어 제곱근 같은 개념도 연산할 수 있는 기계 장치를 만들었다.

19세기에 아리스토텔레스의 업적을 계승한 현대의 논리학자들은 세상에 존재하는 모든 사물과 사물, 존재와 존재 사이의 관계를 명제적으로 엄밀하게 표현하는 기법을 개발했다. 일명, 논리학 표기법이다. 20세기에는 이런 생각이 더욱 발전했다. 1928년 오스트리아 출신의 분석철학자인 루돌프 카르납(Rudolf Carnap) 캘리포니아 주립대 교수는《The Logical Structure of the World》라는 책을 통해 경험에서 지식을 추출하는 명시적 계산 절차를 제시했다. 인간의 정신작용을 컴퓨터가 모방할 수 있도록 해 준 최초의 계산 공정 이론이었다. 이 이론은 합리적 동작을 수행하는 인공지능을 만드는 데 큰 도움을 주었다. 1965년에는 소위 인공지능 논리주의자(AI logicist)들에 의해 논리학 표기법으로 기술할 수만 있다면 그 어떤 문제도 풀 수 있는 컴퓨터 프로그램이 개발되었다. 하지만 이런 접근 방식은 곧 두 가지의 심각한 문제에 직면했다. 하나는 논리 표기법으로 표현할 수 없는 비형식적(informal) 데이터(음성, 동영상, 이미지 자료 등)를 어떻게 할 것인가이고, 다른 하나는 이론적으로 풀 수 있는 문제

라도 컴퓨터의 계산 능력의 한계로 실제적으로는 풀기 어렵거나 비효율적인 상황이다.[62]

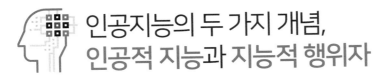

인공지능의 두 가지 개념, 인공적 지능과 지능적 행위자

21세기에 들어서면서 인공지능의 개념이 '인공으로 만든 지능'이라는 의미를 넘어 좀 더 확대되고 있다. 버클리대학교 컴퓨터과학 교수이자 인공지능의 대가로 알려진 스튜어드 러셀(Stuart Russell)은 인공지능을 설명하는 가장 기본이 되는 두 가지 개념으로 '인공적 지능(artificial intelligence)'과 '지능적 행위자(intelligent agent)'를 제시한다.[63] 그가 제안한 두 가지 개념을 통합하면 '인공지능적 행위자(artficial intelligent agent)'다. 그에 의하면 현재의 인공지능 연구는 인간의 지능을 흉내 내는 방법을 연구하는 수준을 벗어나고 있다. 인간을 대신해서 인간보다 더 합리적이고 효과적인 어떤 행위들을 하는 존재에 대한 연구로 접어들었다. 즉, 주어진 환경에서 무언가를 지각(percept)해 특정 목적을 가진 합리적인 인식행위(cognitive behavior)나 물리적 운동행위(motional behavior)를 하는 행위자(agent)에 대한 연구로 발전하고 있다.

이런 추세를 고려하면, 앞으로 인공지능을 설명할 때는 '인공으로 만든 지능'이라는 개념에 '행위자' 개념을 결합해야 한다. 인공지능 행위자는 소프트웨어만으로나 혹은 하드웨어까지 갖추고 무언가를 수행하는 어떤 지능적인 인공물이다. 이 인공지능 행위자를 담는 하드웨어는 컴퓨터 자체일 수도 있고 자동차나 화성을 탐사하는 로봇일 수도 있다.

인공지능 자체는 지각을 동작으로 연결하는 과정을 구현하는 함수의 집합(알고리즘)이다. 함수를 표현하는 방식에 따라 반사 에이전트, 실시간 계획수립기, 결정이론적 시스템 등으로 나뉜다.[64] 초기의 인공지능 연구는 인간이 특정한 결과를 지향하는 함수 집합을 프로그래밍하는 식이었다. 하지만 현재는 학습하는 방법에 대한 함수를 프로그래밍한 후에 방대한 데이터나 주변 환경에서 얻은 방대한 지각을 통해 스스로 학습하는 식으로 인공지능 연구가 진행된다. 이것이 기계학습이다.

인공지능이 스스로 학습하는 방식은 설계자가 알지 못하는 미지의 환경에까지 도달 범위를 연장할 수 있다. 학습하는 능력을 가진 인공지능은 명시적인 지식 표현을 스스로 갱신(update), 확장(extension), 창조(creation)하면서 미래에 대한 논리적이고 확률적인 추론(inference)을 하여 주어진 목표를 달성한다. 또한 학습하는 능력을 가진 인공지능은 자율성을 갖게 되어 목표를 스스로 만들어 낼 수도 있다.

성공적 인공지능이냐 아니냐는 크게 두 가지로 결정된다. 하나는 지능의 수준이고, 다른 하나는 인공물(artifact)의 수준이다.[65] 후자인 인공물은 컴퓨터와 로봇이다. 인공지능의 양대 기술인 인공물과 지능에 대한 본격적인 연구는 제2차 세계대전 무렵부터 시작되었다.

기계식 계산기가 체스를 두게 될 것이라는 예측

먼저, 인공물(artifact)의 발전에 대해서 알아보자. 계산을 하는 가장 오래되고 간단한 인공물은 주판이다. 17세기까지도 주판을 대체할 만한 계산 기계가 등장하지 않았다. 하지만 주판은 스스로 움직일 수 없다. 인공지능이 되기 위해서는 스스로 움직이는 계산 기계가 필요하다. 1642년에 이르러, 프랑스 수학자이자 철학자인 파스칼은 기어로 연결된 톱니바퀴를 이용해서 작동하는 수동 계산 기계를 고안했다. 이 계산 기계가 최초의 계산 기계였다. 하지만 파스칼이 만든 기계식 수동 계산기는 덧셈과 뺄셈만 가능했다.

1671년 독일의 라이프니츠는 파스칼의 계산 기계를 개량했다. 라이프니츠의 계산 기계는 십진법을 사용해서 곱셈과 나눗셈도 가능했다. 그 후에 라이프니츠는 기계 장치에 더 적합한 계산 방식으로 '이진법'을 창안했다.

영국의 수학자이자 철학자, 기계공학자였던 찰스 배비지(Charles Babbage)는 1823년 삼각함수를 유효숫자 5자리까지 계산하여 종이에 표로 인쇄하는 차분기관(difference engine)을 만들어 자동 계산기에 대한 자신의 이론을 발표했다. 그리고 1830년대에는 자신의 이론을 더욱 발전시켜 방정식을 순차적으로 풀 수 있는 기계식 계산기 해석기관(analytical engine)도 설계했다. 그가 설계한 자동 계산기는 수를 저장하는 기억장치, 저장된 숫자를 계산하는 연산장치, 기계의 동작을 제어하는 제어장치 및 입출력 장치를 가지고 있었다. 하지만 안타깝게도 찰스 배비지는 제작 기술의 한계로 자신이 설계한 기계식 계산기 해석기관을 실제로 만들지는 못했다.

현재 우리가 사용하는 컴퓨터는 찰스 배비지의 기계식 계산기 해석기관을 원형으로 한다. 오늘날 사용하는 자동 컴퓨터의 모든 기본 요소를 갖춘 것이었다.[66] 참고로, 최초의 프로그래머는 찰스 배비지의 절친한 동료였던 에이다 러블레이스(Ada Lovelace)다. 에이다 러블레이스는 찰스 배비지의 기계식 계산기 해석기관을 위한 프로그램을 짰다. 또한 그녀는 훗날 기계식 계산기가 음악을 작곡하고 체스를 두는 능력도 가질 것이라는 예측을 해 세상을 놀라게도 했다.[67] 에이다 러블레이스는 시인 바이런 경의 딸이기도 하다.

암호 해독에서 시작된 최초의 컴퓨터

이런 역사를 이어받아 제2차 세계대전 기간을 전후로 실제로 작동되는 자동계산을 할 수 있는 각기 다른 방식의 최초의 컴퓨터들이 발명되었다. 초기 컴퓨터는 영국, 독일, 미국이라는 세 가지 흐름에서 발명되었다.

한 흐름은 영국에서 시작되었다. 제2차 세계대전 당시 독일의 암호화 타자기인 에니그마가 만들어 내는 군사 암호문은 연합군에게 가장 큰 골칫거리였다. 영국 정부의 암호 연구소였던 블레츨리 파크는 1941년 폴란드 수학자인 마리안 르쥐스키가 설계하고 앨런 튜링과 고든 웰치먼이 전자적으로 개선한 봄베(bombe)를 만들어 독일의 암호문을 해독하는 데 성공했다.

독일에는 에니그마 외에 또 다른 암호화 타자기가 있었다. 바로 로렌츠 SZ 40/42 시리즈였다. 1943년에 앨런 튜링 팀은 진공관으로 만든 콜로서스(Colossus)라는 이름의 범용기계를 만들어서 이 암호 시스템을 해독하는 데 성공했다.

1944년 1월 블레츨리 파크에 설치된 콜로서스는 엄청난 숫자의 진공관 부품을 가졌다. 콜로서스는 종이 테이프로 입력을 받아 다양한 종류의 논리 연산을 할 수 있었기에 세계 최초로 프로그래밍 가능한 완전 전자식 컴퓨터로 평가받는다.

그러나 튜링 테스트를 통과할 정도의 기계는 아니었다. 한 대의 콜로서스 1호기, 아홉 대의 콜로서스 2호기가 만들어졌지만 군사기밀이어서 1970년대까지는 세상에 알려지지 않았다. 윈스턴 처칠이 로렌츠 암호를 해독할 수 있다는 사실을 외부에 알리지 않으려고 수명이 다한 콜로서스 컴퓨터를 완전히 파괴할 것을 명령하기도 했다.[68] 이런 이유로 제2차 세계전쟁이 끝난 후, 앨런 튜링은 봄베와 콜로서스 컴퓨터를 가지고 '생각하는 기계' 즉, 인공지능을 연구했지만 영국 정부의 집요한 방해를 받았다. 결국 정신이상 증세에 시달리다가 안타깝게 독이 든 사과를 한 입 베어 물고 자살로 생을 마감하고 말았다.

또 다른 흐름은 진공관 기반이 아닌, 최초의 전자식 컴퓨터다. 이 것은 제2차 세계대전 당시에 연합군과 전쟁을 벌인 독일에서 1941년 콘라드 추제(Konrad Zuse)가 개발한 것이다. 'Z-3'라는 이름을 가진 프로그래밍이 가능한 컴퓨터(programmable computer)였다. 전화교환기 부품을 이용해 만든 Z-3는 찰스 배비지의 십진법을 버리고 라이프니츠의 이진법을 도입했고, 제한적인 프로그래밍 기능과 메모리를 갖춘 계산기였다. 콘라드 추제는 최초의 고수준 프로그래밍 언어라 평가받은 플랑칼퀼(Plankalkül)도 설계했지만 실제로 구현하지는 못했다.

마지막 한 흐름은 라이프니츠가 계산 기계를 위해 고안한 이진법을 도입한 것으로, 벨 연구소의 젊은 수학자인 조지 스티비츠(George Stibitz)가 개발한 전자식 디지털 계산기였다.[69]

인공지능을 만드는 한 축인 최고의 인공물, 컴퓨터

컴퓨터가 스스로 계산을 할 수 있는 '인공물(artifact)'로서 본격적으로 주목을 받게 된 것은 1946년 존 머클리(John Mauchly)와 존 에커드(John Eckert)가 이끈 펜실베니아대학 연구팀이 비밀 군사프로젝트로 만든 '에니악(ENIAC: Electronic Numerical Integrator And Computer)'이라는 이름의 다용도 디지털 컴퓨터다. 에니악은 그 자체로 거대한 기계였는데, 진공관 1만 7,468개, 저항기(resistor) 7만 개, 스위치 6,000개가 들어갔으며, 길이가 30미터, 높이는 2.4미터, 폭이 0.9미터, 무게는 30톤이었고, 150킬로와트의 전력을 소비하는 거대한 기계였다. 엄청난 전력 소비 때문에 한번 가동하면 필라델피아 시내의 전등이 모두 깜빡거릴 정도였다.

에니악은 크기나 전력 소모량이 엄청날 뿐만 아니라, 프로그램을 배선판에 일일이 배선하는 외부 프로그램 방식이어서 작업에 따라 배선판을 교체해야 하는 것이 가장 큰 단점이었다. 에니악 개발에 참여했던 존 폰 노이만은 이 문제를 해결하기 위해 기억장치에 컴퓨터의 명령과 데이터를 전부 저장시키는 내장 프로그램 방식을 제안했다. 1949년에 이를 실용화한 세계 최초의 프로그램 내장방식 컴퓨터인 에드삭(EDSAC)이 등장했고, 몇 개월 후에 에드삭의 개량형인 에드박(EDVAC)이 발표되었다.

최초의 상업용 컴퓨터는 에니악을 개발한 팀이 1951년에 개발한 유니박(UNIVAC)이다. 유니박은 1951년 6월 14일 레밍턴랜드사(社)에 의해 인구통계국에 설치되었고, 1952년 11월 4일 CBS TV가 제34대 미국 대통령 선거 개표 방송에서 단 1퍼센트의 표본을 가지고 개표가 5퍼센트 정도 진행된 시점에 드와이트 아이젠하워(Dwight Eisenhower)의 일방적인 승리를 예측하면서 세상을 놀라게 했다.[70]

그 이후로 컴퓨터는 계속해서 세상을 깜짝 놀라게 했다. 그리고 드디어 인공지능을 만드는 가장 중요한 한 축인 최고의 인공물로 선택되었다. 2005년까지 컴퓨터는 계산 속도가 18개월마다 2배씩 늘어났다. 하지만 2005년부터 전력 소비 문제나 반도체 집적도 문제가 커지자 제조사들이 CPU 클럭(clock) 속도를 높이는 대신 CPU 코어 개수를 늘려 체감 속도를 높이는 쪽으로 전략을 수정했다.[71] 양자 컴퓨터 같은 미래형 컴퓨터가 대중화되기 전까지 컴퓨터는 CPU

코어를 병렬방식으로 대규모로 늘려 성능 향상을 꾀할 것이다. 예를 들어, 알파고는 1,202개의 CPU를 가진 슈퍼컴퓨터다.

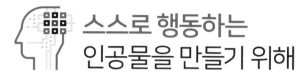

스스로 행동하는 인공물을 만들기 위해

성공적 인공지능이냐 아니냐를 결정하는 지능의 발전에 대해 알아보자. 스스로 행동하는 인공물을 만들기 위해서는 지능에 대한 다양한 이론과 기술이 필요하다. 인공지능은 인간의 지능적 활동을 모방한다. 지능이란 추론과 행위를 모두 포함한다. 인공지능이 지능을 가졌다고 평가받으려면 주어진 목표를 이루기 위해 주변 상황을 지각(perception)하고, 입력된 지각열을 저장된 정보와 개념 지식과 연결하여 자신이 수행할 행위 결과에 관한 다양한 지식을 논리적으로나 확률적으로 추론하여 가장 합리적인 행위를 판단해야 한다. 인공지능이 합리적 판단을 한다는 것은 현재 상황, 이해관계 상충 상황, 미래 상황이라는 3가지 상황을 모두 고려하여 목적에 맞는 이익을 극대화할 수 있는 행동을 결정하는 것이다. 이때 최종적으로 선호하는 결과(이익)를 '효용(效用, utility)'이라 한다.

인공지능이 인간의 지능을 모방하기 위해서는 다양한 학문의 도움을 받는다. 예를 들어, 인공지능의 의사 결정방식(알고리즘)은 경제학에서 사용하는 효용이론과 수학에서 사용하는 논리적 계산이나 확률론을 기반으로 한 '결정이론'에 따른다. 거시적 문제에 대한 의사 결정은 효용과 확률이론을 따라 하고, 미시적 문제에 대한 의사 결정에는 게임이론을 도입한다. 이익이 즉시 발생하지 않고 여러 행위들을 순차적으로 수행한 후에야 나타나는 순차의사 결정 문제는 경영과학에서 사용하는 '마르코프 의사 결정 과정(Markov Decision Process)' 같은 이론을 도입한다.[72]

인간의 지능을 완벽하게 모방하는 인공지능을 만들기 위해서 근래에는 뇌를 포함한 신경계를 연구하는 신경과학(Neuroscience)의 도움을 받는 추세다. 1861년 폴 브로카(Paul Broca)박사가 실어증을 앓는 뇌 손상 환자를 연구하는 과정에서 인지 기능을 담당하는 특정 영역이 왼쪽 뇌에 있다는 것을 처음 발견했다. 일명 '브로카 영역(Broca's area)'이다.

뇌 연구가 본격화된 것은 현미경이 발달하면서부터다. 1890년대 후반 카밀로 골지(Camillo Golgi)는 골지 염색기법을 개발하여 단일 뉴런의 복잡한 구조를 형태학적으로 연구할 수 있는 길을 열었다. 골지 염색기법을 적극 활용한 신경생물학자 산티아고 라몬 이 카할(Santiago Ramon y Cajal)은 '뇌의 기능적 단위는 뉴런이다', '뇌의 작용은 신경세포를 차례로 옮겨 가는 신호 흐름이다'라는 주장 등으로 뉴런주의(neuron doctrine)를 주장했다. 이 두 사람은 뉴런을 신경구조의 기초 단위로 정립한 공로를 인정받아 1906년 노벨생리의학상을 수상했다. 그리고 1938년 미국의 이론물리학자이며 수학적 생명물리학(Mathematical Biophysics)의 아버지라 불린 니콜라스 라세프스키(Nicolas Rashevsky)는 《*Mathematical Biophysics*》라는 책에서 최초로 뉴런과 뉴런들로 구성된 신경구조의 작동을 수학적 모델로 구현했다.[73]

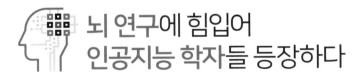

뇌 연구에 힘입어 인공지능 학자들 등장하다

인간의 뇌에 대한 연구 결과에 힘입어, 1940~1950년대에 중요한 몇 명의 인공지능 학자들이 배출된다. 먼저 맥컬록과 피츠는 1943년에 '맥컬록-피츠 뉴런'이라는 신경 시스템 모델을 발표했다. 이 이론은 인공지능 이론이라고 평가받은 최초의 모델이다. 맥컬록과 피츠는 기초 심리학과 뇌의 뉴런 이론, 러셀과 화이트헤드가 제시한 명제 논리의 형식 분석, 컴퓨터 계산에 대한 튜링이론을 가지고 인공뉴런 모형을 제안했다.[74]

두 사람은 인간의 신경 활동은 2진 단위(binary unit)들의 결합이라는 가설을 세우고, 인공지능의 이진법 계산 과정에 적용되는 다섯 가지의 가정을 제안했다.

첫째, 뉴런 활동은 '켜져' 있거나 '꺼져' 있는 스위치 작동 과정이다. 둘째, 하나의 뉴런을 흥분(켜짐)시키려면 두 개 이상의 시냅스가 일정 시간 내에 활성화되어야 한다. 셋째, 신경 시스템에서 일어나는 의미 있는 시간 지연은 시냅스에서 발생하는 지연뿐이다. 넷째, 어떠한 억제적인 시냅스는 동일한 시간에 발생하는 뉴런 활성화를 막는다. 다섯째, 신경 네트워크의 연결 구조는 시간에 따라 바뀌지 않는다.[75]

맥컬록과 피츠는 뉴런들이 연결된 회로망으로 임의의 함수 계산을 할 수 있고, 명제들의 논리합, 논리곱, 부정 등의 모든 논리 관계도 구현할 수 있다고 주장했다. 더욱 놀라운 것은 두 사람은 회로망을 적절하게 잘 정의하면 인공뉴런망이 학습도 할 수 있을 것이라는 가설을 주장했다. 1949년 도날드 헵(Donald Hebb)은 하나의 규칙을 따라 뉴런 사이의 연결 강도가 수정되는 모델을 시연하는 데 성공했다. 일명 '헤비안 학습(Hebbian Learning)'이라는 기계학습의 일종이었다.

1950년에는 훗날 신경망 연구의 대부로 꼽히는 인물이 등장한다. 바로 마빈 민스키(Marvin Minsky)다. 당시 하버드 대학원생이었던 마빈 민스키는 딘 에드먼즈(Dean Edmonds)와 함께 3,000개의 진공관과 B-29 폭격기 부품으로 사용된 자동 조정 시스템을 활용해서 40개의 인공뉴런을 가진 'SNARC'라는 최초의 신경망 컴퓨터를 발명하는 쾌거를 올렸다.

마빈 민스키와 함께 존 맥카시(John McCarthy)도 중요한 학자다. 프린스턴대학교에서 박사 학위를 받은 맥카시는 1956년 다트머스대학(Dartmouth College)에서 마빈 민스키, 클로드 섀넌(Claude Shannon), 나다니엘 로체스터(Nathaniel Rochester) 등과 함께 인공지능 연구 역사상 가장 중요한 워크숍을 조직한다.[76] 이 워크숍은 기계학습을 비롯해서 인간의 지능을 흉내 내어 사람만이 풀 수 있었던 문제를 풀고, 스스로 지능을 향상시키는 기계를 구축하는 연구를 공식적으로 진행했고, '인공지능'이란 용어도 공식적으로 사용했다.

이 워크숍 이후로 인공지능 연구는 워크숍에 참석했던 학자들과 그들의 제자들이 주도한다. 예를 들어, 다트머스 워크샵 참가자 중한 사람이었던 나다니엘 로체스터는 1955년 IBM에서 아서 새뮤얼(Arthur Samual), 허버트 겔런터(Herbert Gelernter), 알렉스 번스타인(Alex Bernstein) 등과 함께 인공지능 체커(checker) 프로그램, 기하학 정리 증명기(Geometry Theorem Prover), 인공지능 체스(chess) 프로그램 등 신경망을 가지고 패턴인식을 할 수 있는 최초의 의미 있는 인공지능 프로그램들을 만들었다. 로체스터가 이끄는 IBM 연구팀은 1956년 2월에 인공지능 체커 프로그램을 선보여 대중에게 깊은 인상을 주었다.[77] 참고로, 그 후로 60년이 지난 2016년 구글의 인공지능 알파고는 세계 최고의 프로바둑 기사인 이세돌을 이기는 경지에까지 이르게 되었다.

1958년에는 존 맥카시가 인공지능 프로그래밍 언어인 LISP(List Processing)를 개발했고, 같은 해에 최초의 완전한 인공지능 시스템으로 평가받는 가상 프로그램 어드바이스 테이커(Advice Taker)를 설계했다. 어드바이스 테이커는 형식적이고 명시적인 표현 형태로 저장된 세상에 대한 기본 공리(axiom)와 일반 지식을 가지고 연역적 추론 과정을 통해 문제의 해답을 찾는 능력을 가졌다. 같은 시기에 마빈 민스키는 형식 논리적 표현과 추론을 연구했던 존 맥카시와는 다르게 반논리적(anti-logic) 전망(예측)을 산출하는 연구를 진행했다. 훗날 이 두 가지 추론 방식은 인공지능 추론 방식의 토대가 된다.[78]

인공지능하면 빼놓을 수 없는 사람이 한 명 더 있다. 앨런 튜링이다. 앞서 밝혔듯, 1950년 앨런 튜링은 인공지능에 관한 유명한 논문인 〈Computing Machinery and Intelligence〉에서 지금까지도 중요한 기초이론으로 인정받는 튜링 기계, 기계학습, 유전 알고리즘, 강화 학습을 소개했다.[79]

뇌와 지능의 생물학적 연구를 보완하는 인지심리학

20세기에 들어서면서, 뇌를 촬영할 수 있는 다양한 기술들이 개발되면서 뇌의 신비는 차근차근 풀리고 있다. 뇌의 신비가 생물학적 관점에서는 하나씩 풀려 가고 있지만, 100여 년이 지난 지금도 인식 작용(cognition process)이 실제로 어떻게 진행되는지에 대한 지식은 신비 속에 감추어져 있다.

현재까지 알려진 인식작용은 뉴런과 뉴런이 서로 연결된 뉴런망(neuron network) 속에서 시간에 따라 일어나는 강화나 균형 피드백의 작동에 따라서 정보와 지식을 다루는 개별적 특성 차이가 나타난다는 수준이다. 뉴런은 전기작용과 화학작용이라는 아주 단순한 작동을 하지만, 뉴런 세포가 서로 연결된 집합 단위로 올라가면 고차원적 사고, 행위, 의식이 만들어진다. 이것을 복잡계(complex system) 이론으로 설명하는 것은 가능하지만, 여전히 그 작동 방식은 수학적, 물리학적, 생물학적으로는 신비 차원에 있다. 뇌에 대한 신비가 풀리면 풀릴수록 인공지능도 인간의 뇌를 더욱 닮아 갈 것이다.

뇌와 지능에 대한 생물학적 연구의 한계를 보완하기 위해 심리학적 접근도 한다. 뇌의 작동 방식과 인지 과정을 심리학적으로 연구하는 것이 인지심리학(cognitive psychology)이다. 심리학에 과학적 접근법을 최초로 시도한 사람은 독일의 물리학자인 헤르만 폰 헬름홀츠(Herman von Helmholtz)다. 그는 지각부터 추론과 행동까지 이어지는 인간의 지각 작용에 대해서 세심하게 통제된 심리학적 실험을 시도했다. 비슷한 시기에 윌리엄 제임스(William James)는 뇌가 정보 처리 장치라는 가설을 세우고 과학적 접근을 시도했다.[80] 인지심리학은 인간의 정신의 특성, 작동 방식, 지식을 구조화하고 축적 구조와 과정 등을 과학적 방식으로 연구하는 분야다. 인지심리학이 중요한 이유는 이 분야가 언어학, 생물학, 물리학, 의학, 신경공학 등과 함께 최근 인공지능에 대한 학제적(學際的) 연구에 포함되기 때문이다. 인지심리학은 가설을 세우고 실험을 실시하여 얻은 결론을 기반으로 인지심리모델을 만드는 방법론을 갖는다. 눈으로 직접 확인할 수도 없고 생물학적으로 설명이 어려운 인간의 정신 활동을 특정한 가설과 실험 결과를 비교하면서 구조와 원리를 역추적하여 인지심리모델을 만들기 때문에 과학적이라 평가받는다.

1950년대에는 정보 개념이 도입되면서 인간의 시각과 뇌에 인식되는 정보가 기억으로 어떻게 구조화되고 뇌 신경망에서 정보처리가 지식(knowledge)으로 어떻게 '표현(represent)'되는가에 관심을 갖기 시작했다. 이에 따라 통신공학·정보처리공학·언어학 등이 인지심리학에 적용되면서 큰 관심을 받기 시작했다.

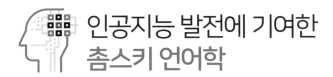

인공지능 발전에 기여한 촘스키 언어학

1957년에 노암 촘스키(Noam Chomsky)는 B.C. 350년경에 활동했던 인도 언어학자인 파니니(Panini)의 구문 모형 이론을 발전시켜 언어학 역사상 가장 중요한 혁명적 책이라는 평가를 받는 《통사 구조 *Syntactic Structure*》를 저술했다.

언어학에 한 획을 그은 촘스키의 이론은 인공지능에도 큰 기여를 했다. 촘스키의 이론 때문에 인간의 언어도 프로그래밍이 가능한 영역으로 들어왔다.

펜실베니아대학에서 언어학을 전공한 촘스키는 생성문법(Generative Grammar)이라는 자신만의 독특한 언어학 이론을 전개했다. 생성문법이란 하나의 언어는 그 언어 자체에 내재된 규칙에 따라 다양한 문장들을 생성해 낸다는 이론이다. 촘스키는 모국어의 발화자는 문법적으로 적격인 문장만을 생성하고 부적격인 문장은 생성하지 않는다는 것에 주목했다. 이처럼 모국어 발화자가 늘 문법적으로 옳은 문장만을 생성해 내는 언어 규칙이 바로 그 언어의 문법이라고 보았고, 문장 구조는 밑바탕이 되는 추상적인 심층 구조(深層構造, deep structure)가 변형되어 실제 문장을 만드는 표면 구조(表面構造, surface structure)로 나타난다고 주장했다. 단, 이때는 단순한 변형만 일어나는 것이 아니라 창조적 생성도 일어난다고 보았다.[81] 촘스키의 이런 연구 방향은 한 사람의 뇌 안에서는 자신의 모국어 안에 내재된 규칙을 따라 문법적(언어적) 지식이 논리적으로 일정하게 표현되고 처리되기 때문에 그 과정을 형식화하여 기계 안에서 논리적 연산으로 재현할 수 있다는 아이디어를 제공했다.

촘스키 언어학이 열어 준 명료성과 엄밀성을 기반으로 한 형식화의 가능성은 훗날 컴퓨터가 자연어를 처리할 수 있는 길을 열어 주었다. 인간의 인지 과정을 기호 조작 과정으로 간주하고 연구하거나, 스키마 이론을 따라 인간 행동에 대한 지식과 과거 경험 축적을 기반으로 한 인지 메커니즘을 밝히려는 움직임도 이런 흐름에 뿌리를 두고 있다.[82]

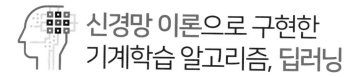

신경망 이론으로 구현한 기계학습 알고리즘, 딥러닝

인공물이 환경 변화에 따라 적절하게 자기 제어를 하는 능력도 지능에서 중요하다. 하드웨어 차원에서 최초의 자기 제어를 하는 능력을 가진 기계는 B.C. 250년경 알렉산드리아의 크테시비우스가 만든

물시계다. 크테시비우스가 발명한 물시계는 지능을 갖지는 않았다. 단지, 지능을 가진 생명체가 하는 자기 제어 능력을 기계적으로 구현한 것이다. 일명, 자기 조절 피드백 제어 시스템이다.

물시계 이외에도 가장 대표적인 자기 조절 피드백 제어 시스템을 갖춘 기계는 온도 조절기다. 1940년대에 수학자 노버트 위너(Nobert Wiener)는 기계공학에서 사용되는 제어 이론(control theory)을 인지(perception)와 연관하여 연구하기 시작했다. 지능을 가진 생명체는 현재 상태와 목표 상태의 차이를 최소화하기 위해 의도적 행동을 하는 자기 제어 능력을 갖는다고 주장했다. 그뿐만 아니라, 위너는 자기 제어 메커니즘을 수학적 계산 모형으로 구현하려는 시도를 했다. 1948년 자신의 가설을《인공두뇌학 Cybernetics》이라는 책을 통해 발표함으로써 인공지능을 가진 기계(인공물)의 가능성을 예측했다. 같은 시기에 영국의 애시비(W. Ross Ashby)도《Design for a Brain》이라는 책을 통해 안정적 상태로 적응하는 행동을 하기 위해 균형 피드백을 갖춘 '항상성(homeostasis)' 장치를 이용하면 지능을 디자인할 수 있다는 주장을 하기도 했다.[83]

이런 과정 속에서 1956년 9월 MIT에서 실시된 한 워크숍에서 자연스럽게 인간의 지능이나 인식 과정에 대해서 인지과학(cognitive sciences)이라는 기치(旗幟) 아래 철학, 컴퓨터과학, 인류학, 인지심리학, 언어학, 신경과학, 수학, 인공지능 등 다학문적인 학제적 연구 분야가 시작되었다. 이 워크숍을 이끈 조지 밀러, 노암 촘스키, 앨런 뉴월과 허버스 사이먼 등은 컴퓨터 모형을 사용해서 기억, 언어, 논리적 사고의 심리적 반응을 연구할 수 있다는 주장을 했다.[84] 흥미롭게도 같은 해에 인공지능을 본격적으로 연구하는 학회도 시작되었다.

1970년대 초에 인지과학은 정식 명칭으로 사용되기 시작했고, 본격적으로 컴퓨터를 연구방법론으로 사용하여 뇌나 인지과정 연구에 고도의 형식성과 정밀성을 추구하기 시작했다. 이처럼 인간의 지능, 인지과정 연구에 다양한 학문적 교류가 필요한 이유는 인지과정 문제를 풀기 위해서는 순수 심리학적 가설, 실험 분석이나 수치적 해석만으로는 한계가 있어서, 자연스럽게 뇌 신경망 안에 있는 정보와 지식의 구조와 작용을 충분히 밝힐 수 있도록 언어학의 의미 표시 이론 등을 반영한 동적인 기호 처리 모델과 이런 모델들을 검증해 볼 수 있는 컴퓨터과학 등이 요구되었기 때문이다. 당연히 인지과학에서 세운 가설 모델을 컴퓨터상에 프로그램으로 실현하면서 인공지능 연구와도 밀접한 연관을 갖게 되었다.[85]

기계학습은 이런 인공지능을 만드는 방법 중의 하나다. 지능이 있다고 평가받으려면 학습 능력이 있어야 하기 때문이다. 앞에서 살펴본 신경망 이론은 기계학습의 한 이론이다. 딥러닝은 신경망 이론을 기반으로 실제로 구현한 기계학습 알고리즘이다.

뇌의 지도, 커넥톰

기계를 학습시키려면 인간의 뇌가 어떻게 학습하느냐를 아는 것이 중요하다. 인간의 뇌는 어떻게 정보를 전달하고 기억하고 학습할까? 이를 알기 위해서는 뉴런의 구조, 커넥톰과 뇌의 작동 방식을 이해해야 한다.

먼저, 뉴런의 구조에 대해서 살펴보자. 뉴런(neuron, 신경세포)도 다른 세포들처럼 액체가 막 속에 갇혀 있는 모습을 하고 있다. 다른 세포들처럼 유전자나 미토콘드리아도 있다. 단, 그 막의 일부가 길게 늘어져 있는데, 그것이 돌기(swelling, bump)다. 신경세포는 한 개의 세포체와 축삭돌기, 1,000~1만 개의 수상돌기를 갖는다.

인간의 몸을 구성하는 세포는 약 60조 개이고, 이 중에서 신경세포는 100억 개~1,000억 개다. 신경세포는 몸 곳곳에 퍼져 있다. 예를 들어, 위에는 약 1억 개의 신경세포가 있고, 척수에는 30억 개, 뇌에는 100억~150억 개의 신경세포가 있다.

뇌에 있는 신경세포를 뇌 신경세포라고 부른다. 만약, 뇌 신경세포가 150억 개라면 뇌에는 15조~150조 개의 돌기와 시냅스가 있다. 뉴런이 수많은 돌기와 시냅스를 갖는 이유는 다른 뉴런들 사이를 지나가면서 부딪혀서 '연결'되기를 원하기 때문이다.[86] 뉴런이 서로 접촉하고 연결되기를 원하는 이유는 메시지(정보)를 전달하기 위해서다. 수상돌기에서 신호(정보)를 받아들이고, 세포체에서 신호를 판단하여 축삭돌기를 통해 전기신호를 보낸다. 축삭돌기의 말단에 있는 시냅스에서는 화학신호로 바꾸어 다른 뉴런의 수상돌기에 정보를 전달한다.

인간의 뇌가 학습을 하기 위해서는 이런 뉴런들이 거대한 네트워크로 연결되어 있어야 한다. 뉴런들의 연결망인 뇌 신경세포 네트워크를 이해하기 위해서는 네트워크 지도가 필요한데, 그것이 바로 커넥톰이다. 커넥톰은 뇌 속에 있는 신경세포들의 연결을 종합적으로 표현한 뇌 회로도다. 커넥톰을 연구하는 학문을 '연결체학(Connectomics)'이라 한다. 연결체학은 넓은 의미로 뇌를 포함한 몸 전체에 분포된 신경세포들 간의 연결망까지 연구한다. 커넥톰 연구는 뉴런과 시냅스 간의 미시적 상호작용부터 모든 대뇌 피질과 피질 하부간의 기능적이고 구조적인 특성과 연결을 기술하는 거시적 상호작용까지 연구한다.

2011년에는 예쁜꼬마선충의 커넥톰을 해독하는 데 성공했다. 예쁜꼬마선충은 흙에서 사는 1밀리미터 정도 크기의 선형동물의 일종으로, 몸이 투명하다. 다세포 생물들 중에서 가장 먼저 DNA 염기서열이 분석된 예쁜꼬마선충은 생활 주기가 짧고, 300개체가 넘는 후손들을 생성할 수 있다. 959개의 체세포, 1,000~2,000개의 생식세포, 인간 유전자 수와 비슷한 1만 9,000개의 유전자를 가지고 있다. 또한 60~80퍼센트의 유전자가 인간과 비슷하고, 인간 질병에 관련된 유전자 533개가 꼬마선충의 유전자에서 발견되는 등 여러 가지 특성들 때문에 다세포 생물을 연구하는 데 모델 생물이 된다. 사람 뇌의 모든 연결망을 그리는 것을 목표로 한 연구를 '휴먼 커넥톰 프로젝트(Human Connectome Project)'라 부른다.[87]

세포의 핵 안에서 생물의 유전 정보를 저장하는 물질인 DNA는 사슬 모양의 긴 분자다. 이 사슬을 이루는 개별적인 고리들은 핵산과 RNA를 구성하는 뉴클레오티드(nucleotide)라는 작은 분자들이다. 이 분자들은 A(Adenine), C(Cytosine), G(Guanine), T(Thymine) 4가지 유형(이름)이 있다. 게놈(genome)은 DNA 속에 있는 뉴클레오티드들의 전체 서열(sequence)이다. 게놈은 A, C, G, T의 조합으로 된 긴 문자열이다. 게놈 지도는 전체 DNA 문자열이다. 게놈 지도처럼 뇌신경계에 있는 뉴런들 사이의 전체 연결지도를 아는 것이 뇌신경공학의 아주 중요한 과제다.

게놈의 차이가 사람마다 서로 다른 특징을 만들 듯이, 인간 정신이 서로 다른 것은 커넥톰의 차이다. A, C, G, T 뉴클레오티드 배열의 차이가 인간의 유전적 특징의 차이를 만들어 내는 것처럼, 뉴런 네트워크의 차이와 배선의 차이가 서로 다른 정신, 지능, 기억과 인식 등의 뇌 역량의 차이를 만들어 낸다.[88] 커넥톰을 완성하고, 이를 분석하면 인간의 정신과 존재를 이해하는 길이 열리는 것이다.

뇌 지도(커넥톰)도 유전적 성향을 갖지만, 상당 부분은 후천적으로 변화한다. 예를 들어, 사고로 손을 잃으면 뇌에서는 손에 대응하는 영역이 퇴화한다. 반대로 손가락이 4개밖에 없는 사람에게 분리수술로 다섯 손가락을 갖게 해 주면 일주일쯤 후에 뇌에서는 5번째 손가락에 대응하는 장소가 생긴다.[89] 뇌에서 몸으로 정보를 주기도 하지만, 몸에서 오는 정보가 뇌의 작동과 발전에 영향을 끼치는 것이다.

뇌세포와 뇌 부위가 유동적으로 변하는 것을 전문용어로 '뇌 가소성(Brain Plasticity)'이라 한다. 몸과 뇌는 상호밀접한 관계를 가지고 물리적 정신적 경험과 자극을 받으며 계속 자기조직화하면서 변한다. 심지어 뇌는 몸에 붙어 있는 사물을 '하나의 몸'으로 관리도 한다. 자동차를 운전할 때, 뇌는 자동차를 신체의 일부로 간주해서 그 순간만큼은 자동차에 신경이 연결되어 외부 정보를 인지할 수준으로 몸을 크게 인식한다.

게놈 지도를 통해 태생적 역량을 파악하는 것은 '선천적 자아'를 알 수 있는 길이다. 커넥톰 지도는 후천적 역량을 파악하여 '경험적 자아'를 알 수 있다. 유전자처럼 커넥톰도 프로그래밍된 자아와 학습된 자아가 둘 다 존재한다. 신경과학자들이 발견한 평생에 걸친 커넥톰 변화의 기본 방식이 앞서 설명한 '4R'이다. 즉, 뉴런들 간의 연결의 세기를 강화 또는 약화시키고, 시냅스를 새로 만들거나 제거하고, 가지돌기가 자라거나 축소되고, 기존의 뉴런을 제거하고 완전히 새로운 뉴런을 만드는 것 등이다.[90]

인간은 몸과 뇌의 상호작용을 통해 발전한다. 유전자는 4R을 안내한다. 유전자가 4R 방식을 사용해서 어떻게 상호 배선되어야 하는지를 통제한다. 4R은 독립된 작용이 아니라 유전자의 안내를 따라 서로 상호작용한다. 반대로, 4R은 유전자를 변화시키기도 한다. 유아기와 유년기에는 뇌가 유전자의 안내를 따라 스스로 배선(networking)을 한다. 성인이 되어서는 경험과 학습을 통해 배선이 바뀌고, 바뀐 배선은 유전자 변화를 자극한다. 즉, 유전자와 커넥톰의 상호작용을 통해 육체와 정신이 진보하거나 쇠퇴하기도 한다. 역량이 커지기도 하고, 질병에 걸리기도 한다. 행동의 변화가 커넥톰과 유전자를 변화시키고, 유전자와 커넥톰의 변화는 행동을 변화시킬 수 있다. 미래에 인위적으로 나노 수준에서 유전자와 커넥톰을 변화시킬 수 있는 기술이 상용화되면 행동을 변화시키는 새로운 자기계발법이 탄생할 것이다. 기계학습을 연구하는 학자들에게 4R은 아주 중요한 작동 방식이다.

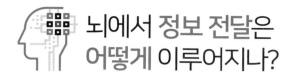

뇌에서 정보 전달은 어떻게 이루어지나?

그렇다면 학습의 가장 기초가 되는 정보 전달은 어떻게 이루어질까? 뇌의 정보 전달 방식은 전기신호다. 뇌의 활동은 뉴런의 전기신호다. 뇌는 전기를 주고받으며 정보를 주고받는다. 전기신호를 측정하면 특정 순간에 당신 뇌에 있는 뉴런들의 활동을 알 수 있다. 특정 시간의 뉴런의 활동은 그 순간 당신의 지각, 느낌, 인식이 어떻게 작동했는지를 알 수 있는 데이터가 된다. 특정 뉴런 활동이 반복되면 뇌가 전기신호로 당신의 지각, 느낌, 인식을 부호화(incoding)해서 대뇌 피질 등에 저장한다. 신경 활동이 흘러다니게 하는 경로인 커넥톰의 변화가 일어난다.[91]

당, 지방, 단백질로 구성된 절연체인 신경세포는 이웃 세포와 전기를 주고받는다. 전기가 흐르지 않는 절연체에 전기가 흐르는 것이 신비롭다. 구리선으로 된 전선에는 '전자'가 흐른다. 하지만 신경 속을 흘러다니는 전기는 '이온'이다. 이온의 흐름이 전기신호다.

이온은 전하를 띤 원자 혹은 원자단이다. 전기적으로 중성인 원자가 외부의 힘에 의해서 전자를 잃으면 양이온이 되고, 전자를 얻으면 음이온이 된다. 뇌 신경세포의 안쪽은 마이너스, 바깥쪽은 플러스다. 신경세포는 염소 이온, 나트륨 이온, 칼륨 이온을 조합하여 사용하면서 전기를 일으킨다. 예를 들어, 신경세포 안과 밖의 농도가 다르면 자연스럽게 전위 차이가 생긴다. 신경세포는 농도를 일정하게 만들기 위해 특정 이온을 안에서 밖으로 흘려보낸다. 그 과정에서 전자를 잃거나 얻으면서 전기신호가 발생한다. 전위 이동이 일어나면서 전위차를 줄인다.

뇌 신경세포는 다른 세포와 달리 세포막에 나트륨이온이 지나가는 작은 통로가 있다. 이 통로는 세포 안팎의 플러스와 마이너스 차이(전위 차이)가 약화될 때 열린다. 구멍이 열릴 때, 나트륨 이온이 통과한다. 전위가 무너지는 것이 연쇄반응이 일어나면서 옆으로 번진다. 전위가 무너지면 다시 그 옆의 통로도 열린다. 이온 흐름의 파도가 세포막을 타고 전달되는 것이다. 나트륨 이온은 정보가 아니다. 나트륨 이온 자체는 그 자리에서 세포 속으로 들어가고 나오고를 반복한다. 나트륨 이온이 안쪽으로 들어오면서 안팎의 전위차가 줄어드는 것이 정보 이동이다. 세포 안이 30~40밀리볼트의 양전위로 전위되면서 안팎 전위차가 무너진 장소를 활동전위(action potential)라고 한다. 활동전위는 신경충격(pulse)이라고도 한다. 1밀리초 정도 지속되는 짧은 신경충격은 외형상 뾰족한 모양을 한다. 그래서 '스파이크(spike)'라고도 부른다. 뉴런이 스파이크를 일으킨다는 말은 뉴런이 활성화되었다는 것이다. 전기 정보가 뇌 안에서 이동한다는 것의 실체는 전위차가 약해진 장소가 도미노처럼 움직이며 이동하는 것이다. 전위 이동 속도가 빠를 때는 시속 300킬로미터도 된다.

한 뉴런의 축삭돌기 말단과 다음 뉴런의 수상돌기 사이의 연접 부위에 세포끼리 정보를 주고 받는 시냅스(synapse)가 있다. 시냅스의 틈새는 20나노미터 정도 된다. 신경세포의 활동전위는 세포 속에서 구석구석 전해지면서 시냅스까지 도달한다. 시냅스까지 도달한 활동전위는 시냅스에서 1,000분의 1초 속도로 방출되는 도파민, 세로토닌, 아드레날린 등 100여 종의 신경전달물질을 타고 이웃 세포로 전달된다. 이 사실은 약물이 정신을 변화시킬 수 있다는 근거가 된다.[92]

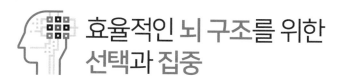

효율적인 뇌 구조를 위한 선택과 집중

참고로, 태아의 뇌는 시냅스 밀도가 빈약하다. 아이가 자라면서 다양한 경험을 하면 뇌는 지속적으로 자극을 받아 10세 무렵에 성인의 2배 정도로 시냅스의 밀도가 높아지고 신경세포는 과잉 연결 상태가 된다. 이 상태에서 뇌는 14~16세 무렵까지 시냅스가 반복적으로 자극을 받아 유용한 정보라고 인식된 것만 기억하고 과잉 연결 상태를 해소하기 위해 가지치기도 일어난다. 선택과 집중이다.

예를 들어, 청소년기에는 대뇌에서 대규모 가지치기가 일어난다. 특히, 전전두엽에서 왕성하게 일어난다. 뇌는 사용하지 않는다고 판단되는 신경세포 연결을 잘라 내고 필요한 배선만을 남긴다. 동시에 감정 자극을 담당하는 편도체 등을 포함한 대뇌변연계가 발달하여 공포나 분노 등의 감정 자극에 예민해진다. 뇌에서 이런 일이 겹쳐 일어나면서 청소년기의 아이들은 잠시 정서 조절 능력이 약해져서 과잉 행동을 하거나 충동 억제를 하지 못한다. 이렇게 과잉 생산된 뇌세포와 신경세포 연결을 정리하여 효율적인 뇌 구조를 만드는 과정을 거치면 청소년기 이후 신경세포 밀도가 적당한 수준으로 조절된다.

거꾸로 보면, 이 시기까지 사용하지 않은 뇌 영역이라면 대규모 가지치기의 대상이 된다. 예를 들어, 두정엽에서 예술 영역을 담당하는 뇌 부위를 많이 사용하지 않았으면 필요 없는 배선으로 판단하고 뇌는 뇌 전체의 효율성을 높이기 위해 이 부분에서 대규모 가지치기를 실시한다. 자주 사용하여 필요성이 높다고 판단된 뇌 영역은 가지치기를 하지 않고 연결 강도를 더 높인다. 뇌가 스스로 재구조화를 실시하는 것이다. 그래서 이 시기까지 교육적 경험, 또래집단의 경험, 다양한 예체능 경험 등이 중요하다. 학습이 실시되지 않으면 뇌가 필요 없는 영역이라 생각하고 가지치기를 해 버리기 때문이다.[93]

학자들은 화학물질을 전달하는 시냅스 말단에 버섯처럼 부풀어

오른 스파인이라는 영역에 기억이 저장된다고 판단한다. 시냅스를 반복적으로 자극하면 스파인이 커지고 정보가 기억된다. 신경전달물질을 발사하는 스파인 위쪽에는 다른 뉴런의 수상돌기에 신경전달물질을 받아들이는 수용체가 있다. 그중에서 마그네슘 이온으로 입구가 잠겨 있는 NMDA 수용체가 있다. 이 수용체는 기억과 관련된다. 스파인에서 자극이 전달되면 AMPA 수용체의 입구가 열리고 나트륨 이온이 수용체 안으로 쏟아져 들어간다. 이런 자극이 반복적으로 전달되면 수용체에 있는 세포가 부풀어 오르고 그 힘으로 NMDA 수용체의 단단한 잠금장치도 밀어 올려지면서 더 많은 나트륨 이온, 칼슘 이온 등이 수용체를 통과한다. 칼슘 이온은 기억을 잘할 수 있는 물질을 만들어 내게 돕고 더 많은 자극을 받아들일 수 있도록 수용체 수를 증가하게 도와서 NMDA 수용체를 더욱 활성화시킨다. 그만큼 기억이 단단하게 저장된다.

물론, 시냅스를 반복적으로 자극하지 않아도 정보가 장기적으로 기억될 수도 있다. 감동적 감정을 불러일으키거나 극도의 두려움을 느끼는 경험 자극에 의해서다. 이런 강렬한 감정과 정보가 연결되면 사진을 찍듯이 기억이 저장된다. 기억과 뇌 발달에 감정 사용이 중요한 이유다.

인간은 겉보기에는 언어와 행동을 사용하여 소통한다. 그러나 뇌 속의 뉴런은 전기신호와 화학신호를 사용하여 소통한다. 시냅스에 도달한 전기신호가 화학신호로 변했다가 다시 이웃 세포에서 전기신호로 변하면서 소통한다. 이런 방식을 반복하면서 뇌 안에서 장거리 이동을 한다. 하지만 활동전위가 시냅스까지 도착해도 신경전달물질이 무조건 방출되지 않는다. 확률적으로 방출된다. 그 확률은 시냅스에 따라 다르다. 근육을 관장하는 운동계 시냅스는 신경전달물질을 거의 100퍼센트 방출한다. 근육을 움직이라는 신호가 왔을 때 반응을 하지 않으면 생존에 문제가 생길 수 있기 때문이다. 하지만 대뇌 세포는 20퍼센트 확률로만 방출한다. 그래서 기억 반응이 운동 반응보다 늦다.[94]

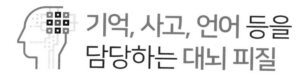

기억, 사고, 언어 등을 담당하는 대뇌 피질

인간의 신경은 중추신경계와 말초신경계로 나뉜다. 중추신경계(central nervous system)는 뇌나 척수의 표면에 뿌리를 내린 신경들의 집합이다. 나머지 신경은 신체의 표피 쪽으로 가지를 치며 길게 뻗어 나간다. 이것이 말초신경계(peripheral nervous system)다.

오감을 통해 정보가 뇌로 입력되고, 뇌는 척수로 신호를 보내고, 척수에서 나머지 신경들로 신호가 보내진다. 신경세포(뉴런)는 존재하는 부위와 역할에 따라 다양하게 나뉜다. 감각 뉴런은 자극에 대한 반응을 하는 뉴런이고, 운동 뉴런은 근육활동과 관계된다.

뇌의 제일 바깥쪽 회색으로 된 대뇌 피질은 주름이 많이 잡혀 있어 마치 호두알처럼 생겼다. 대뇌 피질에는 1제곱밀리미터 안에 25~30미크론인 신경세포(뉴런)가 2만~10만 개 정도 있다. 신경세포들의 집합인 대뇌 피질은 감각, 운동의 최고 중추로서 각 부위마다 기억, 언어, 사고 등 의식 부분을 담당한다.

대뇌 피질의 전체 면적은 약 2,200제곱센티미터 정도이고 두께는 1.5~4.5밀리미터다. 대뇌 피질의 3분의 1은 표면에 드러나 있고, 3분의 2는 고랑(sulcus, 대뇌구)과 이랑(gyrus, 대뇌회)에 면해 있어 표면에서 보이지 않는다. 대뇌 피질은 약 100억~150억 개의 뉴런(neuron)과 500개 정도의 신경아교세포(glial cells)로 이루어져 있고, 무게는 뇌 전체에서 40퍼센트 정도를 차지한다.

대뇌 피질은 층의 차이에 따라 6층 구조를 보여주는 동형피질(isocortex)과 6층 구조를 나타내지 않는 이형피질(allocortex)로 나뉜다.[95] 6개층이 무슨 기능과 역할을 하는지는 여전히 연구 영역이다.

동형피질은 발생 과정에서 이형피질보다 늦게 진화된 부분이라고 해서 '신피질(neocortex, 신외투 neopallium)'이라고 한다.

신피질의 6층 구조

Ⅰ. **분자층(molecular layer)** : 신경세포가 거의 없는 가장 바깥층이다. 시냅스가 일어나는 층이다. 피라미드세포(pyramidal neuron)에서 뻗어 나온 가지돌기(dendrite)와 같은쪽 및 반대쪽 대뇌반구의 대뇌피질 또는 시상에서 뻗어 나온 축삭(axon)의 종말가지로 이루어져 있다.

Ⅱ. **바깥과립층(external granular layer)** : 별세포(성상세포, stellate neuron)로 이루어져 있고 삼각형 모양의 세포체를 갖는 작은 피라미드세포가 흩어져 있다. 이렇게 세포체가 피라미드처럼 생겨서 '추체 뉴런(Pyramidal neuron)'이라 부른다. 신피질에 있는 뉴런의 80퍼센트는 추체 뉴런이다. 추체 뉴런은 세포가 거의 없고 축삭만 무수히 뻗어 있는 맨 위층을 제외하고 피질의 모든 층에 있다. 추체 뉴런은 바로 옆에 있는 뉴런들과 연결되고, 몇천 개의 시냅스를 가지고 있으며, 피질에서 멀리 떨어진 시상 같은 뇌 구조물에까지 길게 축삭을 늘어뜨리기도 한다. 신피질에는 대략 30조 개의 시냅스가 있다.[96]

Ⅲ. **바깥피라미드층(external pyramidal layer)** : 전형적인 피라미드세포(pyramidal cell)로 구성된 층이다.

Ⅳ. **속과립층(internal granular layer)** : 별세포로 이루어진 층이지만, 사이신경세포나 피라미드세포도 약간 섞여 있다.

V. 속피라미드층(internal pyramidal layer) : 직경이 큰 피라미드세포가 분포하는 층이다. 사이사이에 많은 사이신경세포도 섞여 있다. 속피라미드층에 위치한 피라미드세포의 축삭은 새줄무늬체(striatum), 뇌줄기(brain stem), 척수(spinal cord) 등의 피질하 영역으로 뻗는 투사섬유가 된다.

VI. 다모양층(multiform layer) : 방추세포(fusiform cell)가 분포된 층으로, 세포 대부분은 피라미드세포와 여러 종류의 사이신경세포도 섞여 있다. 많은 신경다발들이 백질로 들어가거나 백질로부터 나온다. 회백질(灰白質, grey matter)과 회백질 사이를 연결하는 백질(白質, white matter)은 유수신경섬유(有髓神經纖維, myelinated nerve fiber)가 모여 있고, 정보(신경신호)를 전달하는 통로다. 흰색으로 보이는 이유는 유수신경섬유를 둘러싸서 절연체 역할을 하는 수초(髓鞘)가 빛을 굴절하는 힘이 강한 미엘린으로 되어 있기 때문이다.

쥐의 신피질은 우표만하고, 원숭이의 신피질은 편지봉투만 하다. 인간의 신피질은 아주 큰 식탁용 냅킨만 하다. 몸집에 비해서 인간의 피질이 다른 동물들보다 비율적으로 크다.[97] 구피질은 고피질(古皮質, archaeocortex, 좁은 뜻으로는 퇴화된 후뇌)과 원피질(原皮質, archipallium)인 해마체를 합친 것으로, 변연피질(邊緣皮質)이라고도 불린다.

신피질은 고등동물일수록 분화 차이가 다르지만, 변연피질 구조는 대부분의 동물들이 비슷하다. 기억, 지능, 판단과 예측 등의 이성작용을 담당하는 신피질 양이 가장 많은 포유류는 사람이다.[98]

신경세포로 가득 찬 아주 얇은 막인 신피질은 대뇌 피질의 90퍼센트 이상을 차지하고, 지능의 시작인 기억에서 지능의 핵심인 예측까지 모든 이성 작용을 맡는다. 뇌에서 가장 큰 역할이다. 기억도 뇌의 피질에 새겨진 자극의 흔적이다.

인간의 뇌는 외부에서 어떤 자극(학습)이 침투하면 이를 신피질에 새겨둔다. 뇌는 외부 자극이 사라지고 난 후에도 흔적이 새겨진 뇌에서 새겨진 자극을 다시 상기하여 사고하고 판단하고 새로운 학습으로 발전시킨다. 기억이 없으면 불가능한 것들이다.

인간의 뇌와 동물의 뇌의 가장 큰 차이 중 하나는 주름 수다. 인간은 운동, 감각, 의식 등의 고차원적인 기능을 담당하는 대뇌 피질의 체적에 대한 표면적을 크게 하기 위해 주름이 많다. 표면적이 클수록 지능을 비롯해서 뇌 기능이 높아진다는 속설은 맞을 수도 있고 틀릴 수도 있다. 주름이 전혀 없고, 뇌 크기도 작은 쥐보다 인간이 더 똑똑한 것은 맞다. 하지만 인간보다 뇌도 크고 주름 수도 많은 돌고래는 세 살 정도의 지능이다.

뇌의 크기나 주름 수로 지능 수준을 비교하는 것보다는 뇌의 크기나 주름 수에 따라 다른 능력이 있는지를 비교하는 것이 더 낫다. 돌고래의 경우는 인간이 들을 수 없는 주파수를 들을 수 있다.

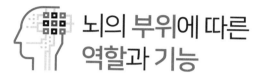

뇌의 부위에 따른 역할과 기능

뇌 부위를 구별하는 기본 기준은 피질의 홈이다. 가장 뚜렷한 홈은 대뇌종렬(大腦縱裂, cerebral longitudinal fissure)이다. 그 다음은 뇌의 측면을 따라 난 홈인 실비우스열(sylvian fissure)이다. 그 다음은 실비우스열에서 수직으로 올라가는 두 개의 중심구(central sulcus)다. 두 개의 중심구를 기준으로 전두엽, 두정엽, 측두엽, 후두엽으로 나뉜다.

뇌는 부위에 따라서 기능과 역할이 다르다. 각 부위별로 다른 기능을 가진 기관은 뇌뿐이다.

전두엽(前頭葉, 이마엽, frontal lobe)은 대뇌반구 앞부분이다. 특히, 전두엽의 앞부분인 전전두엽은 기억력, 사고력, 추리, 계획, 문제 해결 등의 고등 행동을 관장하고, 다른 연합영역에서 들어온 정보를 조정하고, 운동이나 감정 등의 행동 전체를 조절한다.

전두엽의 피질은 중앙전두피질, 안와전두피질, 후하전두피질, 등

측면전두피질로 구분할 수 있다.

 전두엽을 형성하는 피질

중앙전두피질 (혹은 중앙전전두영역)은 각성, 자극, 동기부여 역할을 맡는다. 이 부위에 문제가 생기면 주의력 결핍, 무관심, 무의지증이 발생한다.

안와전두피질 (혹은 안와전전두영역)은 사회적 행동 조절을 돕는다. 이 부위에 문제가 발생하면 정서적 불안정, 치매, 비이상적 행동을 하게 된다.

좌측후하전두피질 (Left posteroinferior frontal cortex, 후하측전전두영역)은 언어표현기능을 조절한다.

등측면전두피질 (Dorsolateral frontal cortex)은 작업 기억과 같은 가장 최근에 획득한 정보를 다룬다. 이 부위에 문제가 생기면 정보를 기억하는 능력이 감소한다.[99]

눈을 통해 들어온 정보는 시각령을 거쳐 How정보(어떤 상태인가)는 두정엽으로 가고, What정보(무엇을 보고 있는가)는 측두엽으로 간다.[100]

두정엽(頭頂葉, 마루엽 parietal lobe)은 신체 기관에 운동 명령을 내리는 운동 중추가 있다. 인간의 최종 출력을 결정하는 부분이다. 두정엽의 특정 부위는 신체의 특정 부위와 연결되어 운동이 프로그램 되어 있는 프로그램계 신경들이 있다. 즉, 어느 부분을 자극하면 얼굴 근육이 움직이거나 다리를 자동으로 움직일 수 있다.

예를 들어, 쥐의 뇌에 전극을 꽂고 우뇌의 수염 부분을 자극하면 쥐는 왼쪽 수염에 무엇이 닿은 것으로 생각하고 왼쪽으로 움직인다. 방향 감각을 담당한 쥐의 왼쪽 수염이 오른쪽 뇌에 연결되어 있기 때문이다. 뇌의 작동 원리를 응용하여 뇌에 칩이나 전기자극체를 심어 뇌 기능을 보정하거나, 몸의 특정 부위를 움직이게 하거나, 몸을 대신하는 기계를 조정하는 것이 '신경보철학(Neural Prosthetics)'이다.

두정엽은 체감각 피질과 감각연합영역이 있어 촉각, 압각, 통증 등의 체감각 처리에 관여하며 피부, 근골격계, 내장, 미뢰로부터의 감각 신호를 담당한다. 앞쪽 두정엽의 뒤쪽 부분인 일차체성감각피질은 형태, 무게 등을 기억하는 등 모든 체감각자극을 받는다. 앞쪽 두정엽에 문제가 생기면 촉각으로 사물을 인지하는 데 어려움을 유발할 수 있다. 중심후회(Postrolandic area)로부터 후측면은 시각과 공간의 관계를 형성하고 다른 감각을 통해 인지한 정보를 통합하여 움직이는 사물의 존재를 파악한다. 중앙두정엽(Midparietal lobe)은 계산, 글쓰기, 손가락 인지 능력과 관련 있다.[101]

측두엽(側頭葉, 관자엽, temporal lobe)은 대뇌반구의 양쪽 측면 부분으로 청각 정보의 처리와 감정, 사실적 기억, 시각적 기억 정보를 처리한다. 오른쪽 측두엽에 문제가 생기면 비언어적 청각 자극(예: 음악)에 대한 해석 능력이 사라진다. 왼쪽 측두엽이 손상되면 언어의 형성과 기억, 인지능력에 문제가 생긴다.[102]

후두엽(後頭葉, 뒤통수엽, occipital lobe)은 시각연합영역과 일차시각피질이라고 하는 시각 중추가 있어 시각 정보의 처리를 담당한다. 눈으로 들어온 시각 정보는 시각 피질에 도착하여 사물의 위치, 모양, 운동 상태가 분석된다. 이 부위에 문제가 생기면 안구에 이상이 없어도 볼 수 없게 된다.

후두엽에서 발작이 일어나면 환시(Visual hallucination)도 발생한다.[103] 시각 피질에서 1, 2차 시각 피질이 손상되면 시각장애인이 된다. 3차 시각 피질이 손상되면 물체의 형태를 인식하지 못한다. 4차 시각 피질이 손상되면 색깔 인식을 못해서 세상이 흑백으로만 보인다. 5차 시각 피질이 손상되면 물체의 움직임을 감지할 수 없다. 거꾸로 5차 시각 피질을 자극하면 천천히 움직이는 공이 실제보다 빠르게 움직이는 것처럼 보일 수도 있다.[104]

시각 피질 이외에도 시각 정보 처리에 관련된 곳이 하나 더 있다. 뇌 한복판에 있는 '상구'다. 상구에서 보는 것은 의식하지 못한다. 글자를 읽을 수 있는 기능도 아니다. 대단히 원시적인 시각 정보 처리를 한다. 상구는 장애물을 피하거나 빛이 반짝였는지 아닌지를 판단하는 정도의 낮은 시각 정보 처리 능력을 갖는다. 처리 방식이 원시적이고 단순하기 때문에 판단이 아주 빠르다.

눈에서 후두엽으로 연결되는 인간의 시각 구조는 사물이나 문자를 보고 판단하는 데 걸리는 시간이 대략 0.5초다. 시속 150킬로미터가 넘는 야구 강속구, 시속 200킬로미터가 넘는 테니스 서브는 눈에서 후두엽으로 연결되는 시각 구조로는 인식과 판단이 늦다. 선수들은 이런 속도의 공은 무의식적으로 친다고 말한다. 훈련의 결과라는 것이다. 하지만, 뇌신경공학자들은 훈련의 결과뿐만 아니라, 상구의 도움이 있을 것이라고 본다.[105]

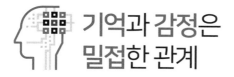

기억과 감정은 밀접한 관계

편도체(扁桃體, amygdala)는 아몬드(almond)처럼 생겼다고 해서 'amygdala(편도체)'라는 이름이 붙었다. 뇌의 변연계(邊緣系, limbic system)에 속하며, 동기, 감정, 학습, 기억과 관련된 정보를 처리한다.

편도체를 자극하는 순간, 기억 소자(memory element)가 강화되기 때문에 감정과 정보 기억이 밀접한 관계를 갖는다. 편도체도 약간의 정보를 기억하지만, 대뇌 피질에 축적된 기억을 감정과 연결해서 다루는 역할을 한다. 편도체가 망가지면 감정이 없어지고 식욕이나 성욕 같은 동물적 본성이 아무런 제어도 받지 않고 그대로 나타난다. 예를 들어, 원숭이는 뱀을 아주 무서워한다. 그런데 원숭이의 편도체를 제거하면 뱀을 무서워하지 않고 잡아먹으려고 달려든다. 또한 개에게 달려들어 교미를 하려고도 한다. 욕구대로만 행동하는 것이다.[106]

대뇌 뒤 아래쪽에는 소뇌가 있다. 소뇌(小腦, cerebellum)는 무게가 150그램 정도이고 중추신경계의 일부다. 소뇌는 뇌의 다른 부분이나 척수로부터 받은 외부 감각정보를 처리, 구성, 통합하여 운동 기능을 조절한다.[107] 새나 돌고래는 운동신경을 담당하는 소뇌 비율이 상대적으로 크다. 새나 돌고래의 운동신경은 아주 뛰어나다. 반면에 인간은 대뇌 부분이 크다. 인간은 운동신경 대신에 사고하고 판단하는 지능을 더 발달시킨 것이다. 인간의 전두엽은 동물 중에서 가장 발달되어 있다. 소뇌는 해마와 바닥핵과 함께 신피질보다 오래된 영역이다. 바닥핵은 원시적인 운동계고, 해마는 기억을 장기 저장한다.

학자들은 기억과 감정이 밀접한 관계라고 생각한다. 특히, 즐거운 감정이나 슬픈 감정과 연관된 정보가 오랫동안 생생히 기억된다. 이런 두 가지 감정 상태일 때 뇌는 입력된 정보를 더 쉽고 견고하게 저장한다는 것이 밝혀졌다. 따라서 학습한 내용을 오랫동안 기억하기 위해서는 즐겁게 공부하는 것이 효과적이다. 즐거운 감정 상태에서 학습하면 주의집중이 잘 되고, 정보를 쉽게 입력하고 견고하게 저장할 수 있다.

좋은 기억력을 유지하는 데는 망상활성화계 역할도 중요하다. 망상활성화계는 뇌의 밑바닥 줄기 한가운데 있는 신경세포 그물이다. 이 부분은 대뇌 신경세포에 계속 자극을 보내 정신을 맑게 하고 집중력을 높이는 기능을 한다. 감정이 복잡하고 주위가 산만할 때는 망상활성화계도 흩어지고 억제된다. 망상활성화계가 억제되면 주의력이 산만해지고, 기억이 잘 입력되지 않고 회상도 안 된다. 즉, 좋은 기억력을 유지하려면 정보를 흥미있고 재미있게 입력하고, 감정을 안정시켜 망상활성화계를 자극해야 한다.[108]

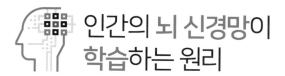

인간의 뇌 신경망이 학습하는 원리

뇌 과학자들은 학습은 신경세포들이 서로 연결되어 있는 고리인 시냅스 작동과 연관되어 있다고 생각한다.[109] 뇌신경 활동은 무작위로 일어나는 것이 아니라 일정한 경로가 있다. 시냅스의 한쪽에 신경전달물질 분비 장치가 있고, 다른 한쪽에 신경전달물질을 감지하는 장치가 있기에 전기신호와 화학신호는 일방향으로 진행된다.

전기신호는 수상돌기에서 세포체를 거쳐 축삭으로 전달된다. 화학신호는 한 뉴런의 축삭에서 다른 뉴런의 수상돌기로 전달된다. 이 모든 것이 일방향 진행이다. 즉, 뇌 속에서 움직이는 메시지(정보)는 무질서하게 움직이지 않고 일정한 방향성을 갖는다. 전기신호는 크기가 있다. 강한 시냅스는 수상돌기에 큰 전류를 흘려 보낸다. 한 뉴런이 다른 뉴런으로부터 여러 시냅스를 받으면 '가중치(weight)'를 갖는다. 전류의 크기가 달라질 수밖에 없다.[110] 이를 헤비안 학습(Hebbian Learning)이라 부른다.

헤비안 학습은 인공신경망의 감독 학습 방법의 일종이다. 감독 학습은 학습 목표로 하는 패턴이 있다. 감독 학습은 헵의 규칙(Hebb's Rule), 델타 규칙(Delta rule), 일반화된 델타 규칙(generalized delta rule) 등을 사용한다.

인공신경망 학습의 세 가지 규칙

헵의 규칙: 도널드 헵(Donald Hebb)에 의해 제시된 규칙으로, '만일 어떤 신경세포 활성이 다른 신경세포를 활성시키는 데 계속 공헌하면…" 두 신경세포 간의 연결 가중치를 증가시키라는 규칙

델타 규칙: "만일 어떤 신경세포 활성이 다른 신경세포가 잘못된 출력을 하도록 했다면…" 두 신경세포 간의 연결 가중치를 그것에 비례해서 조절해 주라는 규칙

일반화된 델타 규칙: "만일, 어떤 신경세포 활성이 다른 신경세포가 잘못된 출력을 하도록 했다면…" 두 신경세포 간의 연결 가중치를 그것에 비례하여 조절해 주고, 그런 과정을 그 아래에 있는 신경세포들까지 계속하라는 규칙

특별히 일반화된 델타 규칙하에서는 오류를 출력층에서 입력층 방향으로 역전파를 한다. 그래서 '오류 역전파 알고리즘(error back-propagation algorithm)'이라고도 부른다. 출력층 신경세포의 잘못된 출력에 대한 책임을 바로 아래층에 있는 신경세포뿐만 아니라 그것과 연결된 더 아래층 신경세포까지 물어 연결가중치를 조절해 준다.

참고로, 목표로 하는 패턴이 없이 학습을 시키는 무감독 학습 방

법은 인스타 규칙(Instar rule)을 사용한다. 인스타 규칙은 "어떤 신경 세포가 특정 연결을 자극하면…" 그것의 연결 가중치를 그 자극과 같아지도록 조절하라는 규칙이다.

반대로 홍분을 전달하지 않고, 홍분 전달을 억제하는 억제성 시냅스도 있다. 억제성 시냅스는 세포의 홍분(활동전위의 발생)을 억제하는 전달 물질을 분비한다. '가바(GABA)'라는 물질이 억제성 신경전달물질이다. 시냅스는 홍분을 가중하거나 억제하여 고차원적인 신경 작용을 만들어 낸다.[111] 홍분 가중치를 갖게 하는 것이 강화 피드백이라면, 억제성 시냅스는 균형 피드백 작용을 하는 셈이다.

전기신호의 크기에 차이가 있고, 전기신호에 홍분과 억제가 있다는 것은 뇌 신경세포들이 소통만 하는 것이 아니라 '계산'을 한다는 의미다.

뇌는 뉴런의 무차별적 활성화를 막기 위한 장치도 가지고 있다. 활성화가 지나치게 퍼져 나가면 기억이나 사고에 혼돈이 생긴다. 그래서 뇌는 활성화 정도를 조절한다. 각각의 뉴런에 높은 활성화 역치(閾値, threshold value)를 할당하는 방식이다. 역치는 자극에 반응하는 데 필요한 강도를 표시하는 수치다. 일정한 양의 가중치 신호가 들어와야 홍분하게 하는 안전장치다. 하지만 높은 역치를 정해 놓으면 기억을 활성화하는 데도 기준이 엄격해진다. 정해진 수준의 강도가 전해지지 않거나 활성화가 너무 적게 확산되면 기억이 나지 않거나 불완전해진다. 기억을 떠올리려면 최소 2개 이상의 뉴런들을 활성화해야 한다. 첫 키스의 추억을 기억해 내려면 눈처럼 내리는 벚꽃 잎과 무드 있는 가로수 불빛 정보가 동시에 자극되어야 하는 식이다. 이렇게 뇌 신경계 전체에서 일어나는 소통과 신호의 조합이 지능과 의식의 실체다.[112] 1950년대 미국 컴퓨터 과학자 프랭크 로젠블랫(Frank Rosenblatt)은 뇌의 학습 기능을 모델화한 기계인 퍼셉트론(perceptron)을 제안하였고, 이를 시작으로 알파고의 신경망 기술은 뉴런 네트워크를 모델로 삼는다.

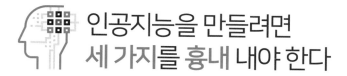

인공지능을 만들려면 세 가지를 흉내 내야 한다

인공지능을 만들려면 세 가지를 흉내 내야 한다. 인간의 뇌신경계 구조, 작동 원리, 그리고 인식 방법이다. 이 세 가지가 기계적으로 작동하는 원리와 법칙들을 모방하여 기계가 기계적으로 수행하도록 하는 것이 인공지능이다. 뇌신경계 구조와 작동 원리는 앞에서 설명했다. 여기서는 인식 방법을 살펴보자.

인식능력은 사물을 분별하고 판단하여 이해하는 능력이다. 그래서 인식능력은 지능의 핵심이다. 인공지능을 만드는 가장 기본적인 접근법은 인간의 인식 방법을 알고리즘으로 만들어 기계도 인간처럼 '인식 작용'이 가능하도록 하는 것이다. 인식 작용의 결과물이 논리적 판단, 확률적 판단과 직관적 판단이다. 논리적, 확률적, 직관적 판단과 추론이 종합적으로 작용하는 것이 통찰력이다. 이미 14세기에 라몬 룰(Ramon Llull)이 '인공추론기계'의 가능성을 제기한 바 있다.[113]

인간의 뇌가 사물(정보)을 분별하고 판단하고 이해하고 추론하는 인식능력을 발휘하는 기초는 무엇일까? 바로, 패턴이다. 축적한 패턴을 기반으로 인간은 논리적, 확률적, 직관적 판단과 예측을 한다.

각기 다른 감각 기관들을 통해 외부에서 들어온 정보들이 뇌 신경세포들 안에서는 모두 전위활동으로 바뀐다. 시각 정보, 청각 정보, 촉각 정보, 미각 정보 등 외부 정보는 다 다르지만, 뇌 신경세포로는 전기신호로 통일되어 전달된다. 그렇다면 뇌는 외부의 각기 다른 정보들을 어떻게 구별할까? 바로, 패턴이다.

외부 정보가 전위활동으로 바뀌고 나면 뇌가 구별할 수 있는 유일한 특징은 '패턴'의 차이뿐이다. 패턴(pattern)이란 개별 정보의 특색(trait)이나 특징(feature)을 모아 놓은 집합이다. 간단히 말하면, 특징이 모이면 패턴이 된다.[114]

뇌는 입력된 모든 정보를 저장하지 않는다. 필요한 정보만을 압축하여 저장한다. 뇌의 입장에서 보면, 패턴은 정보를 구별하여 (저장하기 좋게) 압축하는 방법이다. 뇌 스캐닝을 하면 인간의 눈에는 패턴이 무늬처럼 보일 것이다.[115] 그래서 인간이 무언가를 기억시킨다는 것은 뇌 신경세포들에게 (일정한 숫자의 뇌 신경세포들을 연결시켜 만들어진) 특정한 무늬 형태의 연결을 기억시키는 것이다.

　먼 미래에 개개인이 자신의 뇌 지도(커넥톰)을 갖게 된다면, 뇌 속에 그려진 수많은 무늬들의 지도를 갖게 되는 것이다. 그렇기 때문에 그 무늬들을 그대로 컴퓨터에 옮겨 놓으면 자기 두뇌처럼 똑같이 작동시킬 수 있다는 가설이 가능하다.

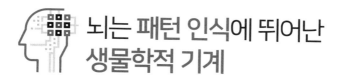

뇌는 패턴 인식에 뛰어난 생물학적 기계

　인간의 뇌는 오감을 통해서 들어온 정보들을 뇌가 처리할 수 있는 형태로 변환시키는 전처리(preprocessing) 과정을 수행한다. 즉, 외부에서 들어온 아날로그 신호를 뇌가 처리할 수 있는 일정한 범위의 전기신호로 값을 변환시키는 것이 전처리 과정이다.

　뇌는 전처리를 통해 외부 데이터를 변환하고 정제시킨 다음 특징추출(feature extraction) 단계로 들어간다. 특징추출 단계에서는 데이터의 특징이나 특색을 분석하여 패턴으로 표현될 수 있는 가장 핵심적인 정보들을 추출한다. 이렇게 함으로써 뇌는 계산량과 저장공간을 절약하고, 방대한 데이터 속에 들어 있는 불필요한 정보를 제거하는 효과를 얻는다.

특징추출 과정을 마친 데이터들은 기존의 유사한 패턴 속에 통합되거나 새로운 결정 규칙을 가진 새로운 패턴으로 모아지는 분류학습(classification learning) 과정으로 들어간다. 이처럼 분류(classification)와 군집화(clustering)가 진행되는 분류학습 과정에는 분류오차(classification error)를 파악하는 것도 포함된다. 이렇게 분류학습을 마치면 일정한 공간에 저장된다.

인간의 뇌는 패턴 인식에 뛰어난 생물학적 기계다. 기계학습 연구자들은 인간 뇌의 이런 작동 방식을 수학적으로 모방하여 컴퓨터 같은 기계가 학습하는 방식을 찾는다.[116] 그리고 당연히 기계가 학습해야 할 최종 목적지도 패턴이라고 믿고 있다.

생물학적으로 뇌에서 패턴은 신경섬유 다발의 집단 활동이다. 예를 들어, 당신이 눈으로 개를 볼 때 뇌로 입력되는 정보는 전위활동으로 바뀌어 흥분과 억제의 전기신호와 화학신호로 변화되어 시각을 담당하는 피질에서 판단과 예측을 담당하는 전두엽으로 흘러가는 모든 과정이 한 묶음의 패턴이다. 개를 보고, 개를 만지고, 개가 짖는 소리를 듣는 것, 뇌가 이들의 차이를 구별하는 것은 공간적으로 시간적으로 서로 다른 연결 경로를 통해 전달되는 각기 다른 패턴뿐이다.

공간적 패턴은 하나의 감각기관 혹은 복수의 감각기관들에 있는 많은 수용체들이 동시에 자극을 받을 때 만들어지고, 시간적 패턴은 시간이 흐르면서 계속 패턴이 변하는 것을 의미한다.[117]

뇌의 신피질은 감각기관이 없어서 직접 세계를 알지 못한다. 뇌는 입력 축삭을 통해 뇌로 유입되는 패턴을 시간, 공간, 중요도에 따라 서열화시켜 저장한 것을 가지고 세계를 자의적으로 그린다. 세계가 어디서 시작해서 어디서 끝나는지 직접 알지 못한다. 심지어 자신의 몸이 어디서 시작해서 어디서 끝나는지도 모른다. 그래서 자동차를 운전하거나, 몸에 사이보그 팔을 전선으로 길게 연결하거나, 가상의 아바타를 뇌의 신피질에 직접 연결해도 뇌는 자신의 몸이라고 인식하는 몸의 확장성이 가능해진다. 뇌에게는 사이보그 팔이나 자동차나 가상 아바타가 새로운 감각 입력 장치이고, 새로운 입력 장치에 맞는 새로운 패턴의 입력이라고 인식한다.

패턴을 인식하고, 패턴을 기억하고, 패턴들끼리 연관을 맺고 있기 때문에 적은 정보만 입력되어도 빠르게 완전한 패턴을 불러낼 수 있다. 이를 자동연상기억력이라 한다. 하지만 패턴을 바꾸면 문제가 생긴다. 가나다라…의 순서를 거꾸로 해 보라! 갑자기 뇌가 혼란을 느낀다. 입력된 패턴을 벗어나면 ERN(Error Related Negativity)이 작동한다. 참고로, 습관은 정해진 패턴을 기억해서 패턴에 따라 신경세포가 명령을 수행하는 것이다. 여하튼 뇌가 아는 것은 입력된 패턴뿐이다.

뇌가 오직 패턴만을 다루는 '패턴 기계'라는 사실을 응용해서 위스콘신대학교 생의공학과 폴 바흐 이 리타(Paul Bach y Rita) 교수는 맹인의 혀를 통해 시각 패턴을 보내는 방법을 개발했다. 맹인의 이마에 카메라를 장착하고 혀에 칩을 붙여 시각영상이 픽셀별로 혀의 다른 부위를 누르게 하는 것이다. 2003년 에릭 와이헨마이어(Erik Weihenmayer)는 이 장치를 통해 어렸을 적 시각을 상실한 이후 처음으로 자신을 향해 굴러오는 공을 잡고 다른 사람과 가위바위보 게임을 하는 데 성공했다. 패턴이 어디서 오는지는 뇌가 중요하게 여기지 않는다는 것이다. 패턴이 혀와 연결된 카메라를 통해 오건, 기계에서 오건, 레이더나 음파 탐지기에서 오건, 3차원이나 4차원에서 오건, 가상세계에서 오건 상관없이 장시간 일정하게 의미 있는 패턴만 뇌로 보내 주면 뇌는 스스로 그 패턴을 통해 세계를 인식하고 이해하고 그런다.[118]

일단, 패턴이 신피질에 저장되면, 일치하는 패턴이 들어올 경우, 뇌는 같은 사물이나 사람으로 인식한다. 이것이 당신이 '내가 아는 사람이다' 혹은 '내가 아는 사물이다'라고 판단하는 방식이다. 패턴이 쌓이면 뇌는 이런 패턴들을 활용해서 예측을 할 수도 있다. 특정한 한 패턴이 일어나면 이런저런 패턴이 함께 일어날 수 있다고 확률적 계산을 하는 것이다. 뇌가 인식하는 세계는 기억된 패턴들과 기억된 패턴들을 기반으로 예측하는 패턴들이 계층 구조화된 가상의 모형이다. 세계가 계층 구조를 가지고 있기 때문에 뇌도 기억된 패턴을 계층 구조화시켜서 세계 모형을 만든다. 그 모형의 질적 수준의 차이가 통찰력이고 지적 수준의 차이를 만들어 낸다. 이렇게 보면, 뇌의 피질은 전체가 패턴들의 집합이고, 패턴들을 저장해 놓은 하나의 기억 체계이고, 그런 기억들의 계층 구조를 활용해서 만들어 진 가상의 세계 모형이 창발되는 복잡계(complex system)다.

공을 잡는 것도 기억에서 시작된다. 공이 날아오면 뇌는 시간, 공간, 중요도에 따라 서열화되어 저장된 패턴을 뒤져 공이라는 것을 판단한다. 그리고 공이 날아오면 피할 것인지 잡을 것인지 자동으로 저장된 패턴에서 기억해 낸다. 기억을 찾아내면 그 기억에 맞는 근육 명령을 순서대로 기억해 낸다. 기억된 명령을 받은 신경세포가 움직이면서 다음 세부 사항들에 맞추어 몸을 조정한다. 이 모든 기억들은 선천적으로 갖고 태어나는 것이 아니다. 오랜 세월 동안 패턴을 만들고, 저장하고, 기억해 내는 것을 반복한 결과물이다. 이것을 '학습'이라 한다.

복잡한 계층 구조를 가진 패턴 기계

이런 작동을 하기 위해 뉴런들의 연결은 아주 복잡한 계층 구조(hierarchy)를 갖는다. 계층 구조는 표현을 압축하는 데 필수적이다.[119] 깊은 계층 구조를 가지고 계층을 따라서 정보(표현)를 압축하고 압축한다. 표현(정보)을 (특징을 통계적으로 처리하듯) 압축하면 개념이 되고, 일반화가 된다. 압축에 압축을 하면 개념에 개념, 일반화의 일반화 과정이 반복되는 셈이다. 반복적인 압축 과정을 통해 개념과 일반화를 하기 때문에 한 사물의 보편성과 특수성을 모두 처리할 수 있게 된다.

인간의 뇌는 대략 10~15층 정도의 계층 구조를 갖는다.[120] 뇌는 이런 계층 구조를 따라 정보를 보내기도 하고 반대로 되먹임을 하기도 한다. 하지만 몸의 기능을 담당하는 각각의 영역에서 만들어지는 계층 구조도 아주 비슷한 구조를 갖는다. 뉴런들의 연결 계층 구조도 프랙탈(fractal) 구조를 갖는다.

1978년 존스홉킨스대학교 신경과학자 버논 마운트캐슬(Vernon Mountcastle) 교수는 〈대뇌 기능의 조직 원리〉라는 논문에서 신피질의 겉모습과 구조가 어느 부위든 놀라울 정도로 균일하다는 것을 밝혔다. 각 영역에서 담당하는 기능은 다르지만, 기본 활동은 같다. 우리 뇌는 똑같은 계산 도구와 알고리즘을 사용해서 각기 다른 기능을 수행한다. 기능의 차이를 만드는 것은 연결되는 방식의 차이일 뿐이다. 연결의 차이가 각기 다른 기능을 만든다. 신피질은 유연성이 뛰어나기 때문에 어떤 환경에도 적응이 가능하고, 어떤 것도 배울 수 있으며, 뇌의 한 부분이 기능을 상실해도 배선만 바꾸면 다른 부분에서 그 기능을 대체할 수도 있다.[121] 그래서 외부에서 패턴 같은 이질적인 장치를 직간접적으로 연결해도 뇌는 놀라운 유연성을 발휘하여 신체의 일부로 흡수시킬 수 있다. 인간이 놀라울 정도로 적응력이 뛰어난 것은 인간의 뇌가 갖는 단순하지만 탁월한 유연성(가변성) 때문이다. 이처럼 인간의 뇌는 단순하지만 아름답고 복잡한 행동양식을 보이는 복잡계 성질을 갖는다.

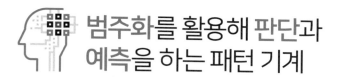

범주화를 활용해 판단과 예측을 하는 패턴 기계

인간의 뇌는 패턴을 만들기 위해 세 가지 방법을 사용한다. 먼저 지도학습(supervised learning)을 받는다. 아이가 아빠를 학습한다고 생각해 보자. 가장 먼저 해야 할 일은 아빠의 얼굴을 보여 주고 "내가 아빠야!"라고 지도학습을 한다. 그러면 뇌는 아빠의 모습을 패턴화해서 저장한다. 그 다음은 비지도학습(unsupervised learning)이다. 이 방법은 아빠의 수많은 모습을 계속해서 보여 주면서 뇌가 통계적으로 비슷한 구조를 모으게 한다. 아빠의 옆모습, 뒷모습, 웃는 모습… 등등. 아빠의 성격, 말, 웃음 소리 등을 반복적으로 보여 주면서 지도

학습된 아빠의 모습을 담은 패턴을 확장시킨다. 일반화의 일반화를 시킨다. 마지막으로 보상학습(reinforcement learning)이다. 아이가 아빠의 목소리나 발자국 소리만 듣고도 뒤를 돌아보며 "아빠?"하고 소리치면 환하게 웃으며 안아 주는 보상을 해 주는 것이다. 보상을 통해 인간의 뇌는 패턴을 강화한다. 더 강하게 기억한다. 이런 작동 방식을 좀 더 자세하게 살펴보자.

패턴 기계인 뇌의 기본적인 작동은 범주화(範疇化)다. 뇌는 범주화를 활용해서 판단과 예측을 한다. 판단과 예측은 지능의 핵심이다. 지능은 패턴 기억력과 기억한 패턴들을 활용하여 판단하고 확률적으로 그 다음을 예측하는 능력이다. 예측이 경험을 통해 발달한다면, 예측은 패턴 기억과 활용 능력이라고도 할 수 있다. 이렇게 기억(패턴생성능력) - 판단-예측이 지능의 기본 틀이다.

행동은 뇌의 판단과 예측 능력과 아주 밀접하다.[122] 판단은 감각 기관을 통해 들어온 정보와 연관된 뉴런들이 활성을 띤다는 것이다. 예측은 감각 입력을 받기 전에 미리 활성을 띤다는 것이다. 그 뒤에 감각 입력이 들어오면 예측과 비교하여 판단한다. 올바른 예측이든 틀린 예측이든 이해를 낳는다.[123] 판단과 예측 과정에서 사용되는 기준이 범주다. 범주는 패턴들을 다시 하나의 패턴으로 묶는 서열화 작업이다. 뇌가 서열을 만드는 방법은 한 쪽으로 수렴시키는 것과 다양하게 분산하는 것이다. 패턴을 만들 때도 수렴과 분산이고, 패턴의 패턴인 범주를 만들 때도 수렴과 분산이다. 하나의 패턴은 정보들의 서열이고, 범주는 서열들의 서열이다. 다양한 서열들을 추상화하여 상위 서열을 만드는 것이다. 만약, 외부에서 특정 정보가 들어오면 뇌는 자동연상기억력을 작동시켜 서열들의 서열을 하나씩 펼치면서 그 정보를 처리할 영역이 나올 때까지 신피질의 계층 구조를 따라 간다. 물론 패턴과 서열은 고정되지 않는다. 평생 변한다. 패턴과 서열의 변화가 지능 향상이고 지식 향상이다.

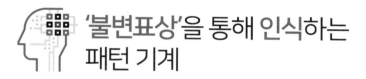

'불변표상'을 통해 인식하는 패턴 기계

　판단과 예측의 기준이 되는 범주를 만들기 위해 뇌는 감각기관으로 들어온 정보를 세세하게 기억하지 않는다. 앞에서 설명한 것처럼, 정보나 사물들의 대략적인 공통점(중요한 관계)만 뽑아 패턴을 만든다. 뇌는 오감을 통해 들어온 모든 정보를 낱낱이 저장하지 않고, 불변하는 공통점인 패턴만을 기억하는 방식을 사용한다. 다른 말로는 '불변표상(不變表象)'을 형성하여 저장한다고 한다. 불변표상이 있기 때문에 주변이 변하더라도 뇌가 혼동에 빠지지 않고 일관성을 유지할 수 있다. 예를 들어, 당신이 커피숍에서 친구와 대화를 한다고 해 보자. 시간에 따라 친구의 몸이 계속 움직여서 위치가 바뀌고, 친구 주변에서 사람들이 이리저리 움직이고, 시간에 따라 주위의 불빛이 달라져도 뇌는 친구에 대한 불변표상이 있기 때문에 계속해서 같은 사람이라고 인식하는 데 어려움이 없다.

불변표상의 사전적 의미는 "변하지 않는 대표적 상징"이다. 불변표상을 형성하는 것을 추상화라 한다. 추상화(abstraction)는 사물들의 공통된 특징(추상적 특징)을 파악하여 인식의 대상으로 삼는 사고행위다. 뇌는 추상화할 패턴을 뽑아 저장하고, 그 패턴을 가지고 다시 일반화를 한다. 일반화(generalization)란 좀 더 많은 예를 포함하도록 개념 묘사의 범위를 확장하는 사고행위다. 즉, 외부에서 들어온 정보를 추상화하여 저장하고, 그다음에 들어오는 외부 정보는 자동연상기억력을 사용해서 신피질 안에 저장된 추상화된 패턴을 기억해 내어 일반화를 통해 빠르게 처리하는 것이다. 만약 일반화로 처리가 되지 않는 정보라고 판단되면 새로운 패턴으로 판단하고 주목도가 높아진다. 주의를 끌 만한 새롭고 중요한 것이라고 의식하면 전에 활성을 띠지 않은 뉴런들에서 활성자극이 일어난다. 새로운 패턴을 만드는 추상화 작업을 하여 신피질의 적당한 곳에 저장한다. 범주화는 이렇게 만들어진 패턴들을 다시 하나의 패턴으로 묶는 서열화 작업이다.

뇌는 넓은 세상을 전부 조사하지 않고 범주화 작업을 하면서 자기만의 독특한 세상 이해를 한다. 패턴이나 범주화는 대상이나 상황을 애매하게 저장하는 기술이기도 하다. 그렇기 때문에 저장된 정보량은 적다. 정보량이 적기 때문에 뇌의 부하를 줄일 수 있다. 애매하게 저장하니 기억력이 떨어지고, 착각이 일어나고, 헛갈리게 된다. 그러나 기억되는 정보량이 적어도 놀라운 일을 할 수 있다. 패턴으로 애매하게 저장하면 저장의 양을 줄이고, 저장된 기억을 융통성 있게 사용할 수 있고, 언어라는 접착제를 사용하여 다른 것과 붙여서 추상적 사고를 하면서 창조적인 아이디어로 재탄생시킬 수 있는 장점이 있다.

누구나 한 번쯤 경험이 있을 것이다. 기억이 너무 선명해서 뇌가 다른 것과 서로 연결하지 못하는 경험. 창조적 아이디어는 무에서 유를 만들어 내는 것이 아니라, 이미 저장된 애매한 기억들을 서로 연결하거나 새로운 정보를 연결하여 새로운 기억을 만드는 것이다. 그래서 학자들에 따르면 하등한 동물일수록 기억이 정확하다고 한다. 융통성이 떨어지고 기억한 내용도 쉽게 지워지지 않는다. 응용력이 현저하게 떨어지는 것이다. 심지어 뇌가 애매한 것을 저장할 때도 어느 한곳에 저장하는 것이 아니다. 뇌 신경망들을 연결해서 공유하여 기억한다. 뇌로 들어온 정보의 공통점을 뽑아 기억하지만, 저장하는 과정에서 신경망끼리 다시 공통된 것을 공유한다. 일반화한 정보를 통째로 기억하지 않고 기존의 기억과 관련성을 공유하여 저장한다. 그래야 기억할 용량이 줄어들고, 연관성의 가지가 더 늘어난다. 이런 과정을 반복할수록 기억들이 뒤섞이면서 전체 기억이 더 애매해진다. 하지만 이런 기억을 전두엽이 놀라운 능력으로 다시 풀어낸다. 재추출능력이 뛰어난 셈이다. 고등동물일수록 애매하게 저장을 하고, 특징을 추출하고 애매성을 확보하기 위해 학습 속도는 느리다.[124] 학습 속도가 너무 빠르면 겉으로 드러난 정보만 저장하고, 특징을 뽑아내지 못하고 숨어 있는 의미를 파악할 수 없다. 학습 속도를 느리게 하는 방법은 시각으로 훑어 지나가는 것이 아니라, 깊이 생각하고 이해하면서 읽고 꼼꼼하게 살펴보고 반복해서 학습하는 것이다. 학습 속도는 느리지만, 추출하는 능력은 빠르다. 섬광처럼 추출한다. 이것을 '직관'이라 부른다.

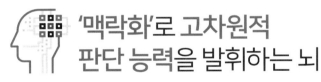

'맥락화'로 고차원적 판단 능력을 발휘하는 뇌

패턴 기계인 뇌의 또 다른 작동은 맥락화(脈絡化)다. 맥락화를 활용한 판단과 예측이다. 맥락이란 서로 이어져 있는 관계나 연관이다. 인간의 뇌는 같은 정보라도 자기와 연결된 주변 상황에 따라서 다르게 판단한다. 우리 뇌는 맥락(context)에 따른 분류, 기억, 판단, 처리에 뛰어나다. 이 방식은 상황에 따른 고차원적 판단 능력을 발휘하게 해 준다. 맥락을 고려하면 빠진 정보를 쉽게 연상하거나, 확률적 추정을 하여 빠르게 채워 넣거나, 중첩된 정보에서 특정한 것을 빼서 실체를 발견할 수 있다. 맥락을 고려하면 애매한 상황에서 정확한 경계를 지각할 수도 있다.[125]

그러나 가끔은 같은 길이의 선이지만 양끝에 화살표를 어떻게 표시하느냐에 따라 길이를 다르게 인식하고, 거리에 따라 같은 크기의 물체도 다르게 보는 착시 현상을 겪는다. 범주화나 맥락에 따른 인식 기능을 가진 뇌는 눈이나 귀 등의 감각기관을 통해 들어온 외부 정보를 뇌 속에서 나름대로 완전한 세계로 만들어 버린다.

예를 들어, 망막에서 뇌로 향하는 시신경은 한쪽이 100만 가닥 정도 된다. 눈, 코, 귀, 혀, 피부의 오감 중에서 신경섬유가 가장 많다. 하지만 100만 가닥이라고 해도 디지털카메라에 비교하면 100만 화소밖에 되지 않는다. 생각보다 불완전한 해상도를 가진 정보가 시신경을 통해 후두엽으로 전달된다. 눈을 통해 들어온 정보도 동시에 처리하지 못한다. 색, 형태, 움직임 순으로 처리한다. 볼 수 있는 색도 610~700나노미터, 500~570나노미터, 450~500나노미터 파장을 가진 전자파뿐이다. 빨강(R), 초록(G), 파랑(B)이다. 하지만 뇌는 자기가 모든 세계를 다 보고 있다고 인식한다. 제한된 정보를 가지고 뇌가 자기만의 세계를 만들어 낸 것이다. 이것이 인간이 완벽하게 인지한다고 하는 세계의 모습이다. 즉, 인간은 신처럼 완벽하게 세계를 인지하는 것이 아니라, 자기 뇌가 만든 세상을 완벽한 세상이라고 착각하는 것이다. 이쯤 되면 창의성은 어떻게 작동될까 하는 의문이 든다.

필자가 지금까지 설명한 모든 것을 종합하면, 인간의 학습과 창의성 발현은 범주와 맥락에 따른 기억-예측 체계의 더 높은 추상화 단계에서 나오는 창발적 산물일 수 있다.[126] 통찰력과 창의성도 훈련될 수 있다는 뇌신경공학적 근거다. 그리고 인간이 훈련하고 훈련시킬 수 있다면, 기계에게도 가능하지 않을까?

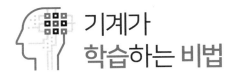

기계가 학습하는 비법

컴퓨터나 로봇 같은 기계(인공지능 행위자)가 학습하는 방법을 좀 더 자세하게 살펴보자. 우선, '학습(學習, learning)'이란 무엇일까? 학습의 가장 간단한 사전적 의미는 '배우고 익힌다'이다. 혹은 '지식을 습득하는 과정'을 학습이라고도 한다.

심리학에서는 학습을 어떻게 정의할까? 심리학에서는 (심리)경험을 기반으로 인간의 행동이나 잠재력에서 나타나는 지속적인 변화 전체를 학습이라고 본다.[127] 학습의 또 다른 정의도 있다. 사람이 어떤 특정한 과정이나 훈련으로 지식의 양을 늘리거나 문제 해결 능력을 향상시키면서 자신의 내부 상태를 지속적으로 변화시켜 행동이나 잠재력의 변화가 일어나는 것을 학습이라고 본다.[128] 기계가 학습한다는 말은 컴퓨터 같은 기계 내부에서도 이런 작동이 인공적으로 일어난다는 말이다.

기계가 학습하는 아주 기초적인 방법은 '암기 학습'이다. 암기는 인간이 학습을 할 때도 기초가 되는 과정이다. 암기를 통해 일정량의 정보와 지식을 축적해야 그 다음 과정으로 나갈 수 있다. 축적된 정보나 지식이 없으면 사고 행위가 일어나기 어렵다. 기계에도 같은 원리를 적용한다. 단, 인간은 정보나 지식을 암기하려면 반복적인 암기가 필요하다. 그러나 기계는 단 한 번의 입력과 저장으로 가능하다. 기계에게 과거의 정보, 사건, 행위 순서와 빈도, 지식 등을 통째로 저장(암기)하고 그 자료 안에서 자주 사용하는 기능이나 단어를 우선으로 보여 주면 암기 학습 같은 흉내를 내게 할 수 있다.[129] 예를 들어, 구글이나 네이버 등의 검색창에 단어의 일부를 입력하면 자주 사용되거나 최근에 사용된 단어들이 우선적으로 나타난다. 그러나 암기 학습의 단점은 컴퓨터가 암기(저장)한 내용이나 상황을 벗어나면 무용지물이 된다는 점이다.

암기 학습보다 한 단계 더 높은 지적 수준을 흉내 내는 것이 '일반화 학습'이다. 암기 학습을 통해 저장한 자료를 기반으로 '일반화'를 학습시키는 방식이다. 바둑이나 장기, 체스 인공지능 소프트웨어들은 이런 수준의 학습 능력을 가지고 있다. 저장된 자료를 일반화하여 한 단계 더 높은 차원의 새로운 데이터를 만들고, 이를 기반으로 과거 데이터에 없는 새로운 정보나 상황을 만나면 일반화한 범주 안에서 효과적으로 대응한다. 일반화 수준에서 대응을 하기 때문에 단순 암기보다는 더 높은 지능처럼 보일 수 있다.[130] 암기 학습이나 일반화 학습에서 보듯이, 기계가 학습하는 법은 인간의 학습방식을 모방한다. 앞으로 기계학습의 발전 방향도 마찬가지일 것이다. 만약 인공지능의 수준이 개별 인간의 수준을 넘어선다면, 그만큼 인간의 지능에 대한 신비가 밝혀졌다는 말이 될 것이다.

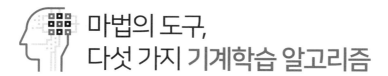

마법의 도구, 다섯 가지 기계학습 알고리즘

기계학습에 대한 연구는 1950년대부터 시작되었다. 아서 사무엘 (Arthur Samuel)은 규칙이 단순한 체커(checkers)를 연구 소재로 삼아 기계학습을 연구했다. 아서 사무엘이 시도한 방법은 상대방이 둔 수에 대응해서 컴퓨터가 둘 수 있는 다양한 후보군 수들에 대한 각각의 평가치를 구하는 방법으로 기계학습을 시도했다. 즉, 기계가 '평가 함수(evaluation function)'를 사용한 '파라미터(parameter; 매개변수, 助變數) 조정'을 반복 학습하여 스스로 파라미터를 최적화하여 문제를 해결하는 방식이었다.

아서 사무엘의 연구 이후로 개발된 기계학습 알고리즘은 수백 가지가 넘는다.[131] 하지만 크게 분류하면 다섯 가지 정도로 압축된다. 마빈 민스키(Marvin Minsky)로 대표되는 기호주의(Symbolism), 프랭크 로젠블라트(F. Rosenblatt)가 이끈 연결주의(Connectionism), 폰 노이만의 오토마톤(Automaton, 자동기계)과 로널드 피셔의 유전학을 결합한 존 홀랜드의 진화주의(Evolutionism), 베이즈주의(Bayesianism), 유추주의(Analogism)다. 이 다섯 가지의 대표적인 기계학습 접근법들은 지능과 학습에 대해서 각기 다른 믿음을 가지고 있다.

기호주의는 지능이나 학습은 기호를 다루는 활동이라는 믿음을 가진다. 기호주의를 창시한 마빈 민스키는 인간의 지식을 기호화하여 컴퓨터에게 논리적으로 처리하도록 학습시키면 인간의 지능을 흉내 낼 수 있을 것이라고 생각하였다. 기호주의 이론을 따라 만들어진 인공지능이 바로 '전문가 시스템(Expert System)'이다. 전문가의 '지식'과 '추론방식'을 모델로 한 전문가 시스템은 1970년대 초반 ~1980년대 중반에 큰 관심을 받았다.

반면에 프랭크 로젠블라트가 창시한 연결주의는 인간의 뇌에 있는 신경세포가 연결 강도를 조절, 수정, 변형시켜 가는 과정에서 나오는 산물이 학습이고 지능이라는 믿음을 가진다.[132] 이 믿음을 가지고 컴퓨터도 신경망으로 학습을 시키고 추론을 하게 할 수 있다는 주장을 폈다. 대표적인 인공지능이 '퍼셉트론'이다.

기호주의와 연결주의는 서로 경쟁 관계지만 뿌리는 같다. 아서 사무엘이 인공지능 연구를 시작할 무렵, 한편에서는 신경망 모델이 기계학습 방법으로 제안되었다. 신경망 모델(Neural Network model)은 인간의 뇌 신경세포가 서로 연결되어 정보를 주고받는 움직임을 흉내 내는 모델이다.

인공신경망 이론을 최초로 제안한 사람은 일리노이대학교 정신과 부교수였던 워렌 맥컬록(Warren McCulloch)이었다. 1943년 워렌 맥컬록은 제자들과 함께 〈뇌의 뉴런 모델 Model of Neurons of Brain〉이라는 논문을 발표했다.[133] 이 논문에서 맥컬록은 신경망은 on, off 상태의 '이진 스위칭' 소자가 복잡하게 연결된 네트워크라는 가설을 세웠다. 이 논문을 통해 맥컬록은 뉴런이 서로 연결된 망에서도 일정한 수학적 계산과 학습이 가능하다는 사실을 증명했다. 1951년 맥컬록의 신경망 모델을 기반으로 프린스턴대학교에서 수리물리학을 가르친 헝가리 수학자 존 폰 노이만(John von Neumann)의 제자인 마빈 민스키(Marvin Minsky)와 딘 에드먼즈(Dean Edmonds)는 최초로 신경망 컴퓨터를 만들었다.[134]

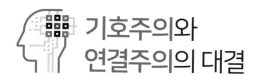

기호주의와
연결주의의 대결

1962년 로젠블라트는 인공신경망 이론을 한 단계 발전시켰다. 인간 두뇌의 인지 능력을 모방하여 세포 계층을 자극층(stimulus layer, 입력층, 수용층), 연상층(association layer, 연합층), 응답층(response layer, 출력층, 반응층)의 세 개의 층으로 구분한 다층 신경망(multilayer neural network) 이론을 제안했다.[135] 이것이 바로 퍼셉트론(perceptron)이다.

 로젠블라트가 제안한 다층 신경망

자극층(입력층, 수용층): 입력 패턴의 특징을 추출하는 것을 담당

연상층(연합층): 자극층의 가중 압력을 받아 응답층으로 전달하는 기능을 담당

응답층(출력층, 반응층): 최종 출력을 담당

로젠블라트의 다층 신경망 이론이 마빈 민스키의 기호주의와 결정적으로 차이가 나는 점은 무엇일까?

로젠블라트는 학습을 하는 데 있어서 논리적 법칙과 절차를 가르쳐 주지 않아도 된다고 믿었다. 단지, 무조건 데이터를 흘려보내고 계속해서 연결의 강도를 조정하는 학습 방식을 통해서 지식을 습득할 수 있다는 생각이었다.

아이에게 산수를 가르치는 것을 예로 들어보자. 기호주의자인 마빈 민스키는 아이에게 덧셈의 논리적 기술을 가르쳐 주어야 덧셈을 배울 수 있다고 믿었다. 하지만 로젠블라트는 무조건 덧셈을 하게 하고 틀린 답이 나오면 그때마다 정답을 알려 주는 것을 엄청나게 반복하면 아이가 스스로 덧셈의 원리를 깨달을 수 있다는 생각이었다.

마빈 민스키와 로젠블라트, 둘 중에 누가 맞을까? 사실 둘 다 맞다. 하지만 접근 방식은 완전히 다르다. 인간에게는 마빈 민스키의 기호주의가 더 효과적이다. 하지만 컴퓨터는 이런 식으로 지식을 쌓으면 특정 분야를 배울 때마다 엄청난 작업을 처음부터 다시 해야 한다. 로젠블라트의 방식은 인간에게는 비효율적이지만, 연산 능력이 뛰어난 컴퓨터에게는 적용이 가능하다.

하지만 1970년대에 이르러 마빈 민스키와 패퍼트가 모든 입력이 출력에 직접 연결되는 단층 퍼셉트론(single-layer neural network)의 계산 한계를 발견하자 로젠블라트의 모델은 큰 위기를 맞았다.[136] 단층 퍼셉트론으로 학습할 수 있는 정보량이 아주 제한적이라는 것을 깨달았다. 복잡한 정보를 학습시키기 위해서는 다층 퍼셉트론(Multi-Layered Perceoptron)이 필요했다. 하지만 다층 퍼셉트론을 구축하더라도 복잡한 인공신경망을 학습시킬 알고리즘도 없었다.[137] 또한 당시에는 연구자들이 인공신경망 모델을 시뮬레이션할 강력한 성능의 컴퓨터도 구하기 힘들었다. 결국 인공지능 연구에 대해서 이론적, 경제적 한계를 느낀 정부와 기업들이 연구비 지원을 중단하자 좌초하고 말았다.

한편 마빈 민스키가 제안한 기호주의는 승승장구했다. 마빈 민스키는 기호주의 이론을 기반으로 전문가 시스템을 인공지능으로 설계했다. 사실, 전문가 시스템은 인공신경망 모델과는 달리 스스로 학습하는 시스템이 없다. 대신, 특정 분야의 전문적 지식을 기반으로 '이런 상황에서는 이렇게 하거나 하지 마시오'라는 식으로 판단을 한다.

전문가 시스템은 인간 전문가의 지식을 추출하고, 논리학 등에서 지식 표현 기술을 빌려서 컴퓨터가 이해할 수 있는 형식으로 정보와 지식을 재구성한다. 이것을 지식기반이라고 한다.[138]

전문가 시스템은 문제가 주어지면 이미 정해진 답이나 규칙을 기반으로 추론 엔진을 작동시켜 전문가처럼 대응해 주기는 했기 때문에 지능적으로 보였다.

가장 성공적인 전문가 시스템은 에드워드 파이겐바움(Edward Feigenbaum)이 NASA의 지원을 받아 1965년에 개발한 'DENDRAL'로, 유기화합물의 구조를 분석하는 데 사용하는 질량분석 전문가 시스템이다. 이 컴퓨터 프로그램은 뛰어난 화학자 수준으로 정확하게 분석하는 능력을 선보여 큰 반항을 일으켰다.[139]

1982년에는 전문가 시스템이 상업적으로도 큰 성공을 거두었다. DEC(Digital Equipment Corporation)사는 'R1'이라는 전문가 시스템을 도입했다. 인공지능 R1은 주문을 조정하는 일을 담당하면서 연간 4,000만 달러의 비용을 절감하는 효과를 냈다. 이런 효과에 힘입어 DEC는 1988년까지 전문가 시스템을 40개로 늘렸다.

전문가 시스템이 판단을 할 때, 수학에서 사용하는 '퍼지 이론'은 아주 중요하다.[140] 퍼지 이론은 1965년 미국 버클리대학교의 롯피 자데(Lotfi A. Zadeh) 교수가 만든 수학 이론이다. 자데는 자신의 아내의 아름다움 정도를 정확한 수치로 환산하는 데 퍼지 이론을 사용했다. 이분법적으로 아름답다 혹은 아름답지 않다는 분류가 아니라 그 사이의 불분명한 상황을 정도에 따라 수학적 값을 갖도록 해서 미(美)의 절대평가 기준을 만들었다.

인간이 사용하는 언어에도 논리적으로 참(True)과 거짓(False), 예(Yes)와 아니오(No) 등 이분법으로 정확하게 나눌 수 없는 애매모호한(fuzzy) 것이 많다. 애매모호하면 무엇이 문제일까? 애매모호하면 인간이든 컴퓨터든 판단을 내릴 수 없다. 판단을 내릴 수 없으면 의사 결정을 할 수 없다. 이 문제를 해결해 주는 것이 퍼지 이론이다.

퍼지 이론은 애매모호한 상황의 '정도'를 표현할 수 있는 '소속함수(membership function)' '퍼지척도(fuzzy measure)' 등을 사용하여 수학적으로 융통성 있게 처리하게 해 준다. 참(True)과 거짓(False), 예(Yes)와 아니오(No) 등 이분법으로 정확하게 떨어지는 판단만 할 수 있었던 기존의 전문가 시스템은 퍼지 이론을 활용하면서 더 나은 논리적 판단과 의사 결정을 할 수 있게 되었다.

퍼지 이론은 인공지능뿐만 아니라, 다양한 판단과 의사 결정이 필요한 기계에도 널리 적용된다. 퍼지 이론이 적용되지 않는 기계는 'Go'와 'Stop'만 갖기 때문에 작동의 시작과 정지가 매끄럽지 못하고 덜컹거리듯 작동한다. 이럴 경우, 퍼지 이론을 속도 조절에 적용하면 속도 조절을 여러 단계로 잘게 쪼개서 만들 수 있어 부드러운 시작과 정지 상태를 구현할 수 있다. 지하철, 밥솥, 가로등, 엘리베이터, 각종 자동주행 시스템 등에 퍼지 이론은 필수다. 이처럼 전문가 시스템도 전문가 지식과 경험에 확률값을 부여하고, 그 중에 가장 높은 값을 기반으로 다음을 추론하는 방식을 사용하면서 더 나은 판단과 의사 결정을 할 수 있게 되었다.

1970년대에 이르러 로젠블라트 모델의 인기가 떨어진 것과 반대로 전문가 시스템은 1980년대에 이르러서는 개인용 컴퓨터에서 사용할 수 있을 정도로 계속해서 발전하고 대중화되었다. 1986년에는 화학, 공학, 경영, 의학, 군사과학 등 다양한 분야에서 수천 개의 전문가 시스템이 개발, 사용되었다. 전문가 시스템은 퍼지 이론뿐만 아니라 베이지안 이론도 결합하여 더욱 발전했다.

1974~1983년까지 스탠퍼드연구소는 광물 탐사에 특화된 전문가 시스템을 개발했다. 'PRPSPECTOR'라는 이름을 가진 전문가 시스템은 베이지안 이론(Bayesian Theory)을 결합하여 추론 능력도 향상시켰다. 한층 발전한 PRPSPECTOR는 1980년 워싱턴 주의 톨만(Tolman) 산 근처에서 100만 달러 이상의 가치를 가진 몰리브덴(molybdenum, Mo, 水鉛)이라는 무기질 매장물을 발견하는 성과를 냈다. 그 이후에도 전문가 시스템의 적용과 발전은 지속되었고, 현재는 거의 모든 미국 대기업들이 사용하는 성공적인 인공지능이 되었다.[141]

전문가 시스템을 대표하는 특징은 문장들의 집합으로 저장된 지식을 기반으로 한 해설 능력(explanation capability)이다.[142] 해설이란 문제를 푸는 과정에서 필요한 공리(axiom)와 규칙을 추적하는 것을 말한다. 전문가 시스템은 해설 능력을 통해 자신이 한 추론을 검토하고 의사 결정에 반영한다. 하지만 전문가 시스템은 좁고 전문화된 분야에서 인간 전문가 수준으로만 지적 능력을 흉내 낼 수 있다는 태생적 한계를 가지고 있다. 넓고 복잡한 사회영역 전반을 통합적으로 다루기에는 역부족이라는 단점을 가진다.[143]

인공신경망의 한계를 극복하기 위해 제안된 딥러닝

한동안 대중의 관심에서 멀어졌던 인공신경망 연구는 1980년대에 새로운 이론들이 제안되면서 다시 살아났다. 인지심리학자였던 룸멜하트와 맥클리랜드는 다층 퍼셉트론을 학습시킬 수 있는 알고리즘을 개발했다. '오차역전파 알고리즘(backpropagation algorithm)'이었다. 오차역전파 알고리즘은 '오류역전파 알고리즘'이라고도 불리는 통계적 기법이다.[144]

다층 퍼셉트론의 형태는 '입력층 – 은닉층 – 은닉층 – … – 출력층' 식으로 입력층과 출력층 사이에 다층의 은닉층들을 갖는다. 각 층은 서로 교차되는 가중치(weight) 값으로 연결되어 있다. 오차역전파법은 동일 입력층에 대해 원하는 값이 출력되도록 개개의 시냅스의 가중치 값을 반복적으로 조정하는 방법이다.[145]

원리는 아주 간단하다. 고양이를 학습시킨다고 가정해 보자. 다층 신경망에서 출력된 값과 실제 고양이의 픽셀 값은 차이가 날 것이다. 오차역전파 알고리즘은 그 차이 값을 아래층으로 역전파해서 시냅스 값을 고쳐 준다. 고쳐 주는 작업을 언제까지 할까? 간단하다. 정답이 출력될 때까지 하면 된다. 당연히 속도는 느리다. 그러나 안정적인 결과를 얻을 수 있다는 장점이 있다. 발상의 전환이지만 혁명적 생각이었다.

물론, 오차역전파 알고리즘도 단점이 있다. 이론적으로 인공신경망은 층이 깊어질수록 더 추상적인 학습이 가능하다. 하지만 오차역전파 알고리즘을 사용할 때, 층이 많아질수록(깊어질수록) 학습에서 왜곡 현상이 생기는 치명적 문제가 발생한다. 인공신경망의 층이 깊어질수록 오차 값이 역전파되면서 서서히 왜곡되는 '사라지는 경사도(diminishing gradient)' 현상이 나타나기 때문이다.

이 문제는 2006년, 2012년에 토론토대학교의 제프리 힌튼 교수팀이 다층 퍼셉트론을 사전 학습을 통해 훈련시키고, 인공신경망을 무작위로 가지치기해 주어 추론 능력을 개선하는 방법을 개발함으로 해결되었다.[146] 이 문제를 해결함으로써 깊은 층수로 된 인공신경망을 기계학습에 사용할 수 있게 되었다. 이것이 바로 '딥러닝'이다. 알파고는 48층이라는 깊은 층을 가지고 기계학습을 하는 인공지능이다. 물론 딥러닝도 약점이 있다. 아직까지는 실시간 학습을 할 수 없는 것이 약점이다.[147] 하지만 이 단점도 21세기 초반 안에 극복될 가능성이 크다.

그 외에도 1980년대에는 그로스버그(Grossberg)가 자기조직 원리를 활용한 '적응형 공진 이론(adaptive resonance theory)을 제안했고, 1982년 홉필드(Hopfield)는 피드백 기능이 있는 '홉필드 신경망 이론(Hopfield network theory)'도 제안했다. 1982년 코호넨(Kohonen)은 '자기조직 맵 이론(self-organised maps theory)', 1983년 앤더슨(Anderson)은 '강화 학습 이론(reinforcement learning theory)'을 제안했다.[148] 1988년에 브룸헤드(Broomhead)와 로우(Lowe)는 '피드포워드 신경망 이론(layered feedforward networks theory)도 제안했다.[149]

이처럼 연결주의 진영에서 기존의 한계를 극복하는 새로운 이론이 제안되고, 컴퓨터 성능이 빠른 속도로 개선되고, 인터넷 시대가 되면서 방대한 데이터들이 쌓여 가고, 이를 처리할 수 있는 빅데이터 기술, 그리고 인공지능을 활용해야 할 다양한 미래 산업들이 조명을 받으면서 제2의 부흥기를 맞이하고 있다.[150]

최근 주목을 받고 있는 '딥러닝(deep learning)'도 연결주의 부흥에 크게 기여하고 있다. 기존의 인공신경망 이론은 일정한 학습 데이터(training data)를 통한 지도학습(supervised learning)을 사용했다. 지도학습이란 컴퓨터에게 고양이 사진을 학습시킨 후, 수많은 데이터 속에서 고양이를 찾아내게 하는 학습 방식이다. 1980년대에 이르러 '비지도학습(unsupervised learning)을 기반으로 한 기계학습 방법도 개발되었다. 비지도학습은 고양이를 학습시키지 않는다. 컴퓨터가 빅데이터를 무작위로 학습한 후 특정 사진이 고양이라는 것을 스스로 알아차리도록 한다. 구글이나 네이버 등에서 이미지 및 동영상 인식, 뉴스피드, 음성인식과 번역 등에 널리 적용된다.[151] 구글의 알파고는 지도학습과 비지도학습을 함께 사용한다.

딥러닝은 다수의 망을 가진 심층신경망을 활용한 기계학습이다. 인간의 뇌에서 자연스럽게 일어나는 현상 중의 하나가 연상기억이다. 연상기억은 하나의 정보를 떠올리면 연관된 다른 정보가 떠오르는 현상이다. 딥러닝은 이 원리를 모형화한 기술이다.

인간의 뇌는 10^{11}개 뉴런이 10^{14}개로 연결된 분산병렬처리 시스템이다. 이렇게 구성된 신경망은 외부에서 자극(정보)을 수상돌기를 통해 입력받아 자극의 총합이 일정치를 넘어가면 다른 뉴런으로 전기자극(정보)을 출력한다. 이런 방식을 수학적으로 모델링한 것이 인공뉴런(artificial neuron)이다. 그리고 인공뉴런망을 여러 층으로 구성하고 각 노드에서 사용하는 가중치를 학습의 핵심으로 하는 것이 인공신경망 이론이다.

참고로 인간의 뇌 속에는 10^{14}개 정도의 뉴런 연결이 있다. 가장 복잡한 연결을 자랑하는 인공 신경망 중의 하나인 미국 스탠퍼드대학교 인공 신경망(2013년 개발)에는 110억 개 정도의 노드가 연결되어 있다. 대략 인간 뇌가 이보다 일만 배 정도 더 복잡하다.[152]

2014년 초, 구글은 설립된 지 3년밖에 안 된 영국의 딥러닝 연구회사 딥마인드(DeepMind)를 4억 달러를 주고 전격 인수했다. 천재 신경과학자인 데미스 하사비스(Demis Hassabis)가 2011년 설립한 딥마인드는 게임, 전자상거래, 시뮬레이션 등에 적용 가능한 딥러닝 연구를 했다.[153] 딥마인드를 인수한 구글은 2012년 놀라운 일을 해냈다. 1만 6,000개의 컴퓨터 프로세스와 10억 개 이상의 인공신경망, DNN(심층신경네트워크)을 이용해서 유튜브 안에 있는 천만 개의 비디오들 중에서 인공지능 컴퓨터가 스스로 학습하여 고양이를 인식하는 데 성공했다.[154] 더 나아가 딥마인드는 2016년 알파고라는 인공지능으로 세계 최고 바둑기사인 이세돌을 이기는 기염을 토해 냈고, 같은 해 세계 1위 프로 바둑기사인 중국의 커제를 제치고 세계 1위에 등극했다.

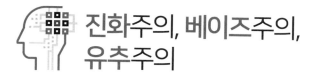

진화주의, 베이즈주의, 유추주의

기계학습의 또 다른 방식인 진화주의는 자연이 생명체를 자연선택과 돌연변이라는 도구를 사용해서 발전시키듯, 학습과 지능도 마찬가지라는 믿음을 가진다. 진화주의는 1970년대부터 시작되었다. 생물의 진화를 모방하여 컴퓨터가 지능을 갖게 하는 알고리즘을 일명, '진화 연산(evolutionary computing)'이라는 방식으로 만든 것이다. 진화 연산이란 유전 알고리즘(genetic algorithm), 진화 전략(evolutinary strategies), 유전 프로그래밍(genetic programming)을 결합한 방식이다.

대표적 진화주의자는 홀랜드(J. H. Holland)다. 홀랜드는 스키마 정리(Schema Theorem) 이론에서 영감을 얻은 유전 알고리즘(genetic algorithm)을 제안했다.[155] 'form', 'shape'을 의미하는 그리스어에서 유래한 '스키마(Schema)'는 인지 심리학에서 '마음의 모델(mental model)'에 대해 설명할 때 사용한다. 사람이 새로운 경험이나 정보를 접할 때, 이미 자신의 머릿속에는 '조직화된 선험적 지식 덩어리'와 상호작용한다. 이미 조직화된 선험적 지식 덩어리가 스키마다. 사람은 이런 스키마와 새로운 정보를 상호 작용시키며 학습한다는 이론이다.

유전 알고리즘(genetic algorithm)은 유전자가 서로 섞이는 교배(crossover) 현상과 유전자 일부가 무작위로 변경되는 돌연변이(mutation) 현상을 반복하며 적자생존에 따라 더 나은 유전자로 진화하는 것을 모델로 한다.

유전 알고리즘이 적용된 인공지능은 주어진 환경에서 부모 유전자의 절반씩을 교배하여 물려받고, 가끔 돌연변이를 거치는 과정을 반복하면서 스스로 '진화'한다. 유전 알고리즘에서는 진화가 곧 학습이다. 이런 과정을 수백, 수천, 수만 번 이상 세대를 내려가면서 반복할수록 최적의 학습 상태로 발전한다.

돌연변이는 어떻게 발생시킬까? 1965년 베를린공과대학교 학생이었던 잉고 레켄베르그(Ingo Rechenberg)와 한스-폴 쉬베펠(Hans-Paul Schwefel)은 공학 분야에서 매개변수 최적화 문제를 푸는 데 사용되었던 몬테카를로스(Monte Carlo) 탐색을 적용하여 매개변수에 변화를 주는 것으로 돌연변이 현상을 만들어 냈다.

1992년에는 존 코자(John Koza)가 유전적 연산 방법을 프로그래밍에 적용했다. 진화주의에서 사용한 유전 알고리즘(genetic algorithm), 진화 전략(evolutinary strategies), 유전 프로그래밍(genetic programming)이라는 세 가지 방법은 고도로 복잡한 비선형 탐색과 최적화 문제를 해결하는 훌륭한 도구가 되었다.[156]

베이즈주의는 학습된 지식은 모두 불확실성을 가지며, 이를 해결하는 방법은 확률적 추론(probabilistic inference)이라고 믿는다. 마지막으로 유추주의는 기계학습의 핵심은 정보나 상황들 사이에서 유사성을 발견하고, 이를 근거로 다른 유사점을 추론하는 것이라고 주장한다.[157]

기호주의에서는 기계학습 알고리즘이 자신의 모형을 표현하는 공식 언어로 '논리'를 사용하기에 논리의 규칙과 의사 결정 트리 방식 등을 중요하게 여긴다. 모형을 평가하는 기준으로는 논리적 정확도나 정보 이득을 사용한다. 가장 높은 점수를 내는 모형으로 최적화를 위해서 사용하는 알고리즘은 역연역법(inverse deduction)이다.

연결주의에서는 자신의 모형을 표현하는 공식 언어로 '신경망'을 사용한다. 모형을 평가하는 기준으로는 예측된 값과 참값의 사이를 제곱하여 더하는 제곱 오차 측정법을 사용한다. 가장 높은 점수를 내는 모형으로 최적화를 위해서 사용하는 탐색 알고리즘은 기울기 하강(gradient descent)이다.

진화주의에서 공식 언어는 '유전 프로그램과 분류기 시스템'이다. 가장 높은 점수를 내는 모형으로 최적화를 위해서 사용하는 알고리즘은 교차와 돌연변이 같은 유전자(genetic) 탐색이다.

베이즈주의에서는 자신의 모형을 표현하는 공식 언어로 베이즈 네트워크와 마르코프 네트워크를 모두 포괄하여 지칭하는 '그래픽 모형'이다. 모형을 평가하는 기준으로는 사후 확률을 사용한다. 가장 높은 점수를 내는 모형으로 최적화를 위해서 사용하는 알고리즘은 조금 독특하다. 이들은 최고의 모형을 찾는 데만 목적을 두지 않는다. 이들은 모형이 얼마나 가능성이 있는가에 대해서 확률적 추론 알고리즘을 사용하여 가중치를 준 후, 모든 모형에서 평균치를 찾는다.

유추주의에서는 '특별한 사건' 같은 것이 모형을 표현하는 공식 언어다. 이들이 모형을 평가하는 기준으로 사용하는 것은 모형이 데이터와 얼마나 차이가 나는지를 보는 마진(margin)이다. 가장 높은 점

수를 내는 모형으로 최적화를 위해서 조건부 최적화를 사용한다.[158]

기호주의(Symbolism)에서 사용하는 대표적 기계학습 알고리즘은 역연역법(inverse deduction)이고, 연결주의(Connectionism)는 역전파(backpropagation), 진화주의(Evolutionism)는 유전자 프로그램(genetic programing), 베이즈주의(Bayesianism)는 베이즈 추정(Bayesian inference), 유추주의(Analogism)는 서포트 벡터 머신(Support vector machine)이 자신들만의 대표적인 기계학습 알고리즘이다.[159]

이들 다섯 가지 기계학습 알고리즘 방식은 각각 특정 작업에 탁월한 성과를 보이고 있다. 하지만 현재까지는 모든 영역에서 발생하는 모든 문제를 해결하는 만능 알고리즘은 없다.

최근 기계학습 분야에서는 연결주의, 베이즈주의, 유추주의적 접근 방식이 주로 사용되고 있다. 하지만 워싱턴대학교 컴퓨터공학과 교수이며 기계학습 분야에서 선구적인 전문가로 인정받고 있는 페드로 도밍고스(Pedro Domingos) 같은 학자는 위에서 설명한 다섯 가지 기계학습 알고리즘의 핵심 특성을 모두 종합하여 기계학습 알고리즘의 최종 목표점인 '마스터 알고리즘(Master Algorithm)'을 개발하는 연구를 진행하고 있다.

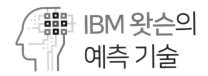# IBM 왓슨의
예측 기술

왓슨은 자신이 추천한 대답의 정확성을 예측하는 기술을 사용한다.[160] IBM 왓슨은 뉴욕 주 T.J. 왓슨 연구소에서 4년간 수천만 달러를 투자하며 25명의 박사들이 노력한 결과다. 미국 유명 퀴즈 쇼인 제퍼디 쇼에 출연한 왓슨의 작동 방식은 다음과 같다.[161]

- 제퍼디의 질문을 받는다.
- 문서와 데이터베이스를 검색하여 질문과 관련된 수천 개의 '후보 답안들을 수집'한다.
- 다시 문서와 데이터베이스를 검색하여 수천 개의 '후보 답안들의 증거를 수집'한다.
- 각 후보 답안마다 '증거 점수를 부여'한다.
- 앙상블 예측 모델을 적용하여 '가장 우수한 답을 선택'한다.

왓슨이 질문을 받고 검색을 하는 데 사용하는 지식 기반은 350만 개의 위키피디아 문서, 수백만 개 문서 자료, 성경, 책, 뉴스 기사, 백과사전 전체, 동의어/반의어 사전, 인터넷 영화 데이터베이스 등 다양한 전문적 데이터베이스로 구성된다. 왓슨은 이런 자신의 지식 기반 안에서 후보 답안을 수집한 후, 후보 답안들을 평가하기 위해 '구절 검색(Passage search)' '인기도(Popularity)' '범주 일치도(Type match)' '시기(Temporal)' '자료출처 신뢰도(Source reliability)' 등을 검사하여 증거 찾기 루틴(routine)을 시행한다. 그리고 왓슨은 각 후보 답안과 관련된 증거들을 앙상블 예측 모델을 사용하여 신뢰도에 따라 가중치를 주어 점수를 산정하고 상대적 순위를 정한다. 당연히 가장 높은 순위를 얻은 답안이 최종적으로 선택된다. 왓슨이 기계학습으로 사용하는 앙상블 모델은 크게 세 가지 방식이다.[162]

- 수백 개의 하위 예측 모델이 각 후보 답안마다 매긴 증거 점수를 다시 결합(평균치 도출)한 예측 모델,
- 질문 유형(퍼즐, 사지선다, 날짜, 숫자, 번역 등)에 따라 특화된 예측 모델,
- 예측 모델의 반복적 적용을 통해 후보 답안 숫자를 줄여 가는 모델

왓슨은 이렇게 구성된 기계학습 시스템을 가지고 570만 개가 넘는 '제퍼디 쇼'의 예제들을 훈련했다. 학습 능력과 속도를 향상시키기 위해 300만 달러를 투자하여 2,800개의 코어 프로세스를 장착한 서버 90대, 15테라바이트의 램 메모리를 갖춘 슈퍼컴퓨터를 구축했다. 왓슨은 병목 현상 없이 수천 개의 작업을 동시에 병렬로 수행하면서 1초당 80조 번 연산을 처리한다. 제퍼디 쇼에 출연하기 전에는 인간 챔피언들과 연습 게임을 통한 훈련도 진행하면서 승률을 71

퍼센트까지 끌어올렸다.[163] 이것이 IBM 왓슨의 기계학습 구조와 과정이었다. 아래는 왓슨이 풀었던 문제들이다.[164]

> 전면적인 사악함으로 수배되었습니다. 마지막으로 바랏두르의 탑에서 목격되었습니다. 거대한 눈이라서 놓치기 어렵습니다.
>
> (Wanted for general evil-ness; last seen at the tower of Barad-dur; it's a giant eye, folks, Kinda hard to miss)
>
> – 상금 600달러가 걸린 문제

> 가축의 고삐를 뜻하기도 하는 이것은 목을 감는 끈이 있고, 등이 드러나는 여성복입니다.
>
> (Also the name of a rope for leading cattle, this women's backless top has a strap that loops around the neck.)
>
> – 상금 1,200달러가 걸린 문제

문제들에서 보듯이, 왓슨은 단순히 빠른 정보 검색 능력만이 아니라, 지능이라고 표현할 수 있을 정도의 추론과 연상 능력까지도 갖추고 있었다. 그리고 결과는? 여러분이 잘 아는 대로 총 66개의 문제를 맞추고, 9개의 문제를 틀렸지만 제퍼디 쇼에서 우승했다. 퀴즈를 풀어 획득한 상금 기준으로 왓슨의 점수는 77,147달러였다. 2명의 세계 챔피언은 각각 24,000달러와 21,600달러였다.

왓슨이 제퍼디 쇼에서 우승한 후, IBM은 왓슨을 의대에 보내서 각종 의료 서적, 수백만 건의 환자 기록, 임상 기록 및 진단서와 처방전 등을 학습시켰다. 미국임상학회의 분석에 의하면 왓슨의 의료 소견 정확도는 82.6퍼센트에 이른다. IBM은 2016년 3월에 힐튼 호텔과 함께 호텔 투숙객이 지역관광지, 식당, 메뉴, 쇼핑몰 등에 대한 질문을 하면 맞춤형으로 안내해 주는 인공지능 서비스를 개발했다.[165] 2014년 말에는 일본에서 빅데이터를 바탕으로 새로운 레시피를 창조하는 '셰프 왓슨'이 등장하여 요리를 대접하는 시식회를 선보이기도 했다.[166] 이런 사례뿐만 아니라, IBM 왓슨의 응용서비스는 일본 소프트뱅크가 출시한 인공지능 로봇 페퍼 서비스, 미국 군인전문 보험회사(USAA)에서 군대를 제대한 사람들의 사회 적응력을 높이는 상담 서비스 등을 비롯해서 32가지가 넘고, 500개가 넘는 기업과 협력을 시작했다.[167]

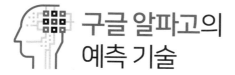

구글 알파고의 예측 기술

세계 최고 프로바둑 기사 이세돌을 완파한 알파고의 예측 기술은 어떻게 구성되었을까? 알파고는 데이터 마이닝과 if-then 형식의 간단한 규칙을 반복하여 경우의 수를 분류하는 의사 결정 트리 방식(decision tree learning)을 사용하여 의사 결정력과 예측력을 높이는 방법으로 기계학습을 한다. 예를 들어, 바둑판의 가짓수는 10의 170제곱이다. 이는 온 우주에 존재하는 원자 수보다 많다.[168] 현재 슈퍼컴퓨터로 계산을 하려면 수십억 년이 걸린다. 이것을 곧이곧대로 계산하고 학습을 하려면 인공지능 알파고가 인간 바둑기사를 이기는데 20~30년은 걸린다.

하지만 알파고를 만든 팀은 다른 방법을 택했다. 완벽을 포기하고 인간처럼 두뇌를 사용하는 법을 택했다. 알파고는 학습과 경험을 통해 신경세포의 연결망이 강도가 달라지고 재조직되면서 기억과 확률적 판단력을 증진시키는 사람의 뇌처럼 인공신경망을 기본으로 한다. 1,202개의 CPU와 176개의 GPU를 가진 알파고의 인공신경망은 총 1만 7,000개의 입력노드를 가진 정책망(policy network)과 가치망(value network)을 갖는다.[169] 정책망은 다시 3개로 나뉜다.

첫 번째는 롤아웃(rollout) 정책망이다. 롤아웃의 사전적 의미는 "밀어서 펴다" 혹은 "첫 출시하다" 등이다. IT 비즈니스에서 롤아웃 프로젝트란 말이 많이 쓰이는데, 이는 '표준모델'을 제시하고 이것을 기반으로 허용된 일정 비율만큼 프로그램 처리 내용을 변경하는 것을 허용하는 활동을 일컫는다. 즉, 롤아웃은 '표준모델'을 가리키는 산업용어다. 알파고팀은 인공지능 바둑기사가 되는 1단계로 바둑의 표준모델을 입력했다. 즉, 롤아웃 정책망에는 바둑의 기본 정석이 입력된다. 현재까지 가장 좋은 수로 인정받은 규칙이다. 즉, 기본 규칙을 입력하는 것이다.

두 번째는 지도학습(supervised learning) 정책망이다. 여기에 알파고 팀은 KGS라는 인터넷 바둑 사이트의 6~9단 기사들의 바둑 기보 16만 건을 통해 예제 3,000만 개를 학습시켰다.[170]

세 번째 정책망은 강화학습(reinforcement learning) 정책망이다. 규칙을 익히고 바둑 기보를 학습하고 수천만 개의 문제를 풀어도 바둑의 신이 될 수 없다. 그래서 알파고는 앞의 두 가지 정책망을 기반으로 복제된 알파고들을 만들고 서로 가상 대국을 하면서 기보 수를 늘려갔다. 지도학습 정책망을 통해 학습한 기보와 착점들의 가중치를 각각 인위적으로 조금씩 바꿔서 알파고들끼리 가상 대결을 해 보게 하는 방식이다. 이런 방식의 가상 대결을 통해 새로운 기보가 나오고, 새로운 기보는 새로운 수를 생산했다.

전문가들은 지도학습 수준의 인공지능과 강화학습을 마친 인공지능의 승률 차이는 20:80까지 크게 벌어질 정도로 강화학습에서 기계학습의 위력이 발휘된다고 평가했다.[171] 알파고들은 하루에 3만 번 대국을 두었다. 하루에 3만 개씩 생산된 기보들의 유용성, 확률적 승률 등을 분석하고 데이터로 저장했다. 무작위로 새로운 수를 두면서 만들어진 대국 자료들을 평가하면서 기보집에 추가할 만한 새로운 바둑 기보를 만든 것이다. 앞으로 수백 년 수천 년 동안 인간이 바둑을 두면서 새롭게 추가할 좋은 기보들을 알파고가 내장된 바둑 평가 기준을 가지고 스스로 만들어 낸 것이다. 이 과정에서 어떤 상황에서 어떤 수가 좋은지에 대한 알파고의 자료는 인간 이세돌 9단의 자료를 넘어선 것이다.

　사실 인간도 이런 방법을 사용하면서 뇌의 신경세포들은 연결의 강도가 달라지거나 재조직된다. 그리고 이 훈련은 실전에서 직관으로 능력이 발휘된다. 프로기사들은 다음에 두면 좋은 수 몇 가지를 직관적으로 알아차린 후, 주어진 시간 내에 빠른 속도로 아홉 수, 열 수 뒤까지 계산을 한다. 알파고도 세 가지 정책망을 통해 인간의 직관력을 모방하는 데 성공했다. 하지만 전문가들은 정책망만 가지고서는 세계 최고 프로바둑 기사를 이기기는 어렵다고 말한다. 여전히 바둑판에서 탐색해야 할 공간이 깊고, 무작위로 추출된 수순으로 만들어진 표본들 중에는 나쁜 수와 좋은 수, 좋은 결과와 나쁜 결과가 섞여 있다. 알파고가 수많은 시뮬레이션을 통해 승률을 높였지만, 그 승리가 첫 수를 잘 둔 덕분인지, 상대가 실수를 해서인지, 내가 둔 수가 탁월해서인지를 평가하기 힘들다는 심각한 문제가 있기 때문이다.[172] 알파고 팀은 이 문제들을 어떻게 해결했을까?
　바로, 신경망을 하나 더 추가함으로 해결했다. 그것은 '가치망 (value network)'이다. 알파고는 정책망으로 다음에 둘 수들을 뽑아낸

후, 가치망이라는 다른 신경망을 작동시켜 후보로 올라온 수들의 평가함수를 돌려 승률을 계산하여 가치 평가를 한다. 물론, 제한된 시간 안에서 평가를 해야 하기 때문에 종국까지 시뮬레이션을 하지 않는다. 인간 프로기사처럼 현재의 수부터 몇 수만을 진행한 후에 형세를 평가한다. 수 읽기는 정책망이 담당하고, 가치망은 형세 판단을 하는 기술이다.[173]

물론, 이 단계에서 한 가지 수를 정했더라도 그 수 다음으로 둘 수 있는 경우의 수는 엄청나다. 알파고는 몬테카를로 트리 서치(MCTS) 기법과 시나리오 트리(의사 결정 트리) 기법을 사용하여 최대 다음 40수 내까지 승률을 계산한다. 몬테카를로 트리 서치는 다음 수의 후보들 각각이 40수까지 더 두었을 때 생겨나는 경우의 수 중에서 일부를 무작위로 선택하여 시뮬레이션을 하는 기술이다. 제한된 시간에 무작위로 선택된 경우의 수들만을 확률적으로 평가해서 최고의 수를 가려낸다. 무작위 통계 조사는 표본집단이 많을수록 예측 정확도는 높아진다. 알파고는 강력한 연산능력을 가지고 있기에 한 수마다 1분~1분 30초라는 짧은 시간에 가장 많은 표본집단을 만들 수 있다. 알려진 바로는 하나의 후보 수마다 10만 번씩 시뮬레이션이 가능했다고 한다. 그래서 인간보다 더 높은 예측 정확도를 발휘할 수 있다.

가치망에서 벌어진 이런 방식은 알파고가 인간 프로기사처럼 현 상황의 유불리 형세를 파악하는 효과를 얻게 했다. 전체 형세를 파악하는 직관력도 모방하게 된 것이다. 이런 알고리즘 능력으로 알파고는 바둑을 배우기 시작한 지 6개월 만에 세계 최고 인간 바둑기사를 이겼다. 앞으로 이 속도에 무어의 법칙이 적용될 것이다. 한 분야를 습득하여 인간 수준을 넘어서는 일이 10년 후에는 1일이면 가능하게 될 것이다. 지금 알파고 수준의 컴퓨터 연산 능력을 가진 개인용 컴퓨터도 15~20년이면 가능하다. 미래학자 레이커즈 와일의 예측처럼 2045년이면 인공지능 컴퓨터의 지능은 인간 전체 지능을 합친 능력을 넘어설 가능성이 크다.

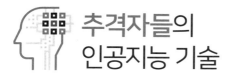

추격자들의 인공지능 기술

추격자 페이스북, 마이크로소프트 등의 인공지능 기술도 만만치 않다. 2014년 페이스북이 뉴욕대학교 얀 리쿤(Yann LeCunn) 교수와 공동으로 개발한 딥러닝 알고리즘인 '딥페이스'는 얼굴 인식 정확도 97.25퍼센트를 기록해서 인간의 얼굴 인식 정확도인 97.53퍼센트에 근접한 실력을 보여 주었다.

더 나아가, 페이스북은 인간의 뇌 신피질처럼 작동하는 운영체제를 개발하여, 인간의 뇌에서 지능이 만들어지는 체계 자체를 프로그램화한 인공지능 개발을 진행 중이다. '비카리우스(Vicarious)'라고 명명된 이 프로젝트가 성공하면 인공지능은 인간이 두뇌로 할 수 있는 모든 것을 할 수 있는 기반을 마련하게 된다.[174]

마이크로소프트도 21세기 초반에 앱의 시대가 저물고 인공지능의 시대가 올 것이라고 예측하고 인간의 언어를 완벽하게 이해할 수 있도록 자사의 인공지능을 훈련시키고 있다.

인공지능의 시대가 되면 컴퓨터, 스마트폰, 자율주행 자동차, 스마트 홈, 기타 디지털 디바이스 등과 인간이 소통하는 주요 방식이 인공지능 비서를 통해서 이루어질 것이라는 예측이다.[175] 이처럼 글로벌 기업들은 21세기 비즈니스는 인공지능에서 밀리면 끝이라는 판단을 하고 사활을 걸고 있다.

Part●3

인공지능의
미래 시나리오

21세기 초, 인공지능이 진정한 사물인터넷 시대를 연다

21세기 초는 모든 사물이 사람과 연결되는 사물인터넷(Internet of Things) 시대가 된다. 사물인터넷은 사물이 인터넷 연결망을 통해 서로 정보를 주고받으면서 인간이 개입하지 않아도 알아서 움직이는 시대다.

사물인터넷은 모바일 네트워크 시대의 필연적인 다음 단계다. 인터넷이 유선에서 무선으로 가는 것은 네트워킹 환경에서 선이 없어지는 것이다. 선이 없어지면 이동성이 자유로워진다. 사람과 사람을 연결시켜 주는 귀찮은 선이 없어지면 언제 어디서든지 사람과 사람,

사람과 가상공간이 연결된다. 유선 시대에는 연결이 유의식적(有意識的) 선택사항이지만, 무선 시대는 연결이 무의식적(無意識的) 상시상황(常時狀況)이다. 여기에 사물인터넷이라는 새로운 기술이 추가된다.

사물인터넷은 무선 인터넷 접속 환경을 중간에 매개로 두고 사람과 사람뿐만 아니라 사물도 연결시킨다. 사람과 사물, 사물과 사물이 상시적으로 연결된 인터넷 플랫폼의 진보를 말한다. 모든 사물들이 스스로 혹은 명령을 따라 자기 주변의 정보를 수집하고 네트워크로 연결된 작은 컴퓨터가 되는 것이다.

좁은 의미로, 사물인터넷은 웨어러블 디바이스, 모바일 네트워크를 통해 인간과 사물의 결합 방식에 대한 기술적 진보라고도 할 수 있다. 그러나 사물인터넷 세상은 단순하게 사람과 사물의 기술적 결합의 진보라는 물리적 변화에서 끝나지 않는다.

넓은 의미로, (인간의 측면에서) 사물인터넷은 인간이 인터넷 연결망을 통해 모든 사물과 연결된다는 것이며, 반대로 인간도 네트워크의 일부가 되는 것이다. 인간과 사물의 경계를 허무는 출발점이 된다. 인간이 사물의 일부가 되고, 사물도 인간의 몸과 정신의 연장이 된다. 사물에 인간의 정신이 연결되면 사물도 영혼을 갖게 되는 가능성이 열린다. 물론, 그것은 사물의 영혼이 아니다. 인간의 영혼이다. 인간의 영혼과 정신과 신경이 인간의 몸의 한계를 벗어나 자연 만물에 편재(遍在, omnipresence, ubiquity)하는 가능성이 열리게 된다.

물리적 측면에서도, 사람과 사물의 결합은 기술의 세련된 진보 덕택에 프랑켄슈타인 같은 흉측한 모습이 아닌, 멋지고 세련된 결합이다. 내가 프랑켄슈타인처럼 변해 가고 있다는 것을 지각하지 못할 정도의 세련된 결합이다. 인간은 한 단계 발전된 결합과 연결을 통해 지난 세대보다 뛰어난 정신적 육체적 능력을 보유하게 될 것이다. 이론적으로는 불멸의 영웅이나 그리스 신화에 나오는 켄타우로스처럼 반신반인(半神半人) 혹은 영화 주인공 아이언맨(Iron Man) 같은 능력을 갖는 미래가 현실이 될 가능성이 열린 것이다.

신체의 일부를 기계와 연결시킨 후 초연결망에 접속하면 생각의 속도로 정보를 찾을 수 있고, 지구 반대편에 있는 가족을 보고 만질 수 있고, 수천 킬로미터 떨어진 곳에 있는 사과농장의 사과 당도를 맛보고 주문을 할 수 있고, 생각만으로 자율주행 자동차를 움직이고, 말 한마디로 집 안을 시원하게 할 수 있고, 집 안에 있는 로봇에게 명령하여 홀로 남아 놀고 있는 아이를 보호할 수 있고, 아이가 지루해하면 새로운 장난감을 즉시 프린트해 줄 수 있는 기술이 만들어 주는 미래 세상이다. 이처럼 사물인터넷은 인간 정신과 육체의 편재 효과(omnipresence effect)를 가능하게 해 주는 인프라 기술이다.

하지만 이런 변화에도 불구하고 중요한 것 하나를 기억해야 한다. 사물 자체에는 지능이 존재하지 않는다. 사물에는 인터넷과 연결되는 기능과 정보를 수집하는 센서, 그리고 주어진 명령을 수행할 수 있는 컴퓨터 칩이 최소한으로 장착되어 있다. 사물들 속에는 지능이 없다. 지능은 사물 밖에 있다. 바로, 외부에서 사물들을 관리하고 통제하고 운용하는 인공지능이다. 즉, 사물인터넷 시대도 인공지능과 연결되지 않으면 반쪽에 불과하다. 당신의 집안에 있는 사물이 인공지능과 연결될 때 비로소 똑똑해진다. 그래서 사물인터넷에 대한 정의는 다시 내려져야 한다. 사물들만의 연결은 의미가 크지 않다. 모든 사물들이 나와 연결되는 것도 인공지능이 없이는 복잡함만 더할 뿐이다. 내 몸 하나 추스르기도 힘든데, 내 주위에 있는 모든 사물을 내가 관리하는 것은 편리함이 아니라 짐일 뿐이다. 그래서 내 주위에 있는 모든 사물들, 모든 사람들은 나와 연결되면 안 된다. 내가 사용하는 인공지능과 연결되어야 한다. 그리고 나는 모든 사물, 모든 사람과 연결된 인공지능과 1:1로 연결되기만 하면 된다. 한마디로, 진정한 사물인터넷은 세상에 존재하는 모든 사물이 인터넷을 통해 '인공지능과 연결되어' 스스로 정보를 수집, 분석, 예측하고 사람과 사물과 소통하면서 나에게 새로운 가치를 창출해 주는 기술이다.

사물인터넷과 사기 도박

사물인터넷(Internet of Things)이라는 용어를 처음 사용한 사람은 1998년 P&G의 브랜드 매니저였던 케빈 애쉬튼(Kevin Ashton)이었다. 그는 머지않은 미래에 센서와 RFID 등이 사물에 탑재되는 사물인터넷 환경이 도래하여 인간의 편리성과 작업 효율성이 크게 증가할 것이라는 예측을 했다.

인간이 착용하는 옷, 시계, 신발, 모자 등의 사물이 최소한의 컴퓨팅 기술을 가지고 인터넷과 연결되면 사물이 건강을 관리해 주는 것이 가능해진다. 대표적으로 핏비트(Fitbit)의 스마트밴드나 애플의 스마트시계가 이런 역할을 해 준다.

바이탈리티(Vitality) 사의 글로우캡(GlowCap)이라는 스마트 약병은 사물인터넷 기능을 갖추고 있다. 환자가 약을 먹어야 할 시간에 뚜껑에서 빛과 소리가 난다. 그 시간에 뚜껑이 열리지 않으면 환자의 스마트폰으로 연락을 한다. 환자가 약을 복용한 기록은 바이탈리티 사의 서버에 기록되고 약이 떨어지는 시점도 예측하여 환자에게 의료적 조언을 하는 이메일을 보낸다.[176] 결핵, 당뇨병, 혈관 질환 등을 관리하는 데 아주 좋은 기술이다.

집 안에서 생활을 스마트하게 해 주고, 집이나 사무실의 보안과 안전도 똑똑하게 관리해 주고, 아이들을 스마트하게 돌보고, 애완동물도 안전하게 기를 수 있게 해 주는 것이 사물인터넷 기술이다.

사물에 컴퓨터 칩과 다른 기기를 연결하여 사용한 최초의 장치는 1961년 룰렛 게임에서 승률을 높이는 사기도박용 기기였다. MIT 수학과 교수인 에드워드 소프(Edward Throp)와 컴퓨터 과학자인 클로드 섀넌(Claude Shannon) 교수가 발명한 이 기기는 연산처리 기능을 활용하여 룰렛 구슬이 멈춰설 지점을 확률적으로 계산했다. 두 교수는 이 기기의 본체는 구두 밑창에 숨기고 담뱃갑 속에는 측정기를 숨기고 도박을 했다. 세계 최초의 웨어러블 컴퓨터였던 셈이다. 1962년 소프 교수는《딜러를 이겨라 *Beat the Dealer*》라는 책 속에서 자신들이 이 기기를 사용해서 룰렛 게임에서 40퍼센트가 넘는 높은 승률을 기록했다고 자백했다.[177]

1972년 에드워드 소프와 클로드 섀넌 교수의 발명에서 영감을 얻은 키스 타프트(Keith Taft)라는 물리 교사는 블랙잭 게임에서 카드 순서를 계산할 수 있는 컴퓨터를 개발했다. 키스 타프트는 개발한 컴퓨터를 자신의 배에 두르고 카지노에 들어갔다. 케이스 타프트는 신발에 4개의 스위치를 숨겨 두고 카드 정보를 입력했다. 배에 두른 컴퓨터는 입력된 신호를 가지고 처리한 연산 결과를 키스 타프트의 안경테 속에 숨겨 놓은 LED 조명으로 전송해 주었다. 완벽한 작동이었다. 하지만 타프트는 예상과는 다르게 돈을 다 잃고 말았다.[178]

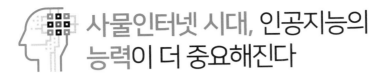

사물인터넷 시대, 인공지능의 능력이 더 중요해진다

많은 사람들이 사물인터넷 시대를 예측하면서 사물들이 연결되는 모습만 생각한다. 다시 한 번 강조하지만, 사물인터넷 시대에서 중요한 것은 사물의 연결이 아니다. 본격적으로 사물인터넷 시대가 열리면 얼마나 많은 사람이 연결되느냐, 어떤 사물이 연결되느냐보다는 인공지능을 어떻게 사용하느냐가 더 중요해질 것이다.

사물인터넷 시대의 도래가 인공지능이 도박판을 지배하는 시대를 가져올지는 모르겠지만, 산업을 지배하는 시대를 앞당기는 방아쇠 역할을 할 것은 분명하다. 인공지능이 산업을 지배하기 시작한다는 말은 인공지능의 데이터 수집, 분석, 예측 능력이 산업의 성패를 좌우하는 핵심 역량이 된다는 의미다. 우선, 사물인터넷 인프라 구축에 필요한 여섯 가지의 중요한 기술 요소를 점검해 보자.[179]

첫째, 주변에서 발생하는 정보를 정확하게 수집하고 실시간으로 전달하는 센싱 기술이 필요하다.

둘째, 고속 무선 인터넷 환경이다. 엄청난 숫자의 사물과 사람이 연결되어 만들어 내는 빅데이터를 실시간으로 정확하게 손실 없이 쌍방향으로 전달하는 네트워크 기술이다. 미래에는 주변의 정보를 카메라를 통해 수집하는 경향이 커질 것이며, 막대하게 늘어나는 영상 신호 전송에서 나타나는 초고용량 트래픽을 처리하는 기술이 중요해질 것이다. 센싱 기술과 고속 무선 인터넷 환경은 하드웨어 인프라다.

셋째, 빅데이터다. 센서를 통해 수집된 모든 데이터는 실시간으로 저장된다. 하지만 빅데이터 그 자체로는 의미가 없다. 빅데이터 속에는 엄청난 양의 노이즈나 오염된 정보가 있다. 일명, 다크데이터(dark data)다. 빅데이터를 쓸모 있게 만들려면, 스스로 학습하고 프로그래밍을 하는 능력을 가진 인공지능과 슈퍼컴퓨터에 의해서 실시간으로 분류되고 분석되어 활용 가치 있는 데이터로 재탄생시켜야 한다.

빅데이터는 인공지능의 도움을 받지 않고는 처리할 수 없을 정도로 데이터 양이나 속도, 종류가 어마어마하다. 인공지능이 없으면 빅데이터는 무용지물이고 쓰레기에 불과할 뿐이다. 인공지능의 도움을 받지 않으면 오히려 인간의 의사 결정을 방해하는 골칫덩어리가 된다. 인공지능이 과거의 데이터와 사용자의 실시간 행동과 감정과 생체 변화 정보를 분류, 분석, 이해할 때야 비로소 역동적 데이터(dynamic data), 초정밀 데이터(extremely sensitive data), 맥락 데이터(context data)로 전환된다. 인공지능에 의해 사용 가치가 있도록 가공된 빅데이터만 인간의 지혜와 결합되어 고객에게 최고의 가치를 제공할 수 있는 보물이 된다.

넷째, 예측 기술이다. 센서를 통해 수집된 데이터가 슈퍼컴퓨터에 의해 분류, 분석, 이해되어 사용 가치가 있는 데이터로 가공되면 황

금알을 낳는 다음 단계로 넘어가야 한다. 바로, 다양한 비즈니스 예측 알고리즘을 통해 개인의 예측 능력보다 뛰어난 갖가지 예측 정보를 쏟아내서 탁월한 의사 결정을 가능하게 해 주는 것이다.

인공지능과 결합된 사물인터넷 환경이 주는 최고의 가치는 인간의 역량을 뛰어넘는 예측 능력(forecasting ability)이다. 이 단계가 사물인터넷 기반 비즈니스의 꽃이다. 소비자는 자신보다 더 나은 의사 결정을 해 주는 기술에 비용을 지불할 것이다. 더 나은 의사 결정력이 부를 증가시키고, 지위와 영향력을 증가시키기 때문이다. 더 나은 의사 결정력은 예측 능력에서 시작한다. 더 나은 성과를 내기 위해서는 더 나은 행동이 필요하고, 더 나은 행동을 위해서는 더 나은 전략이 필요하고, 더 나은 전략을 수립하기 위해서는 더 나은 기획이나 비전 수립이 필요하다. 그리고 더 나은 기획과 비전 수립을 위해서는 더 나은 예측이 선행되어야 한다. 그래서 더 나은 성과를 내는 프로세스의 최상위 꼭짓점에는 예측 역량이 자리 잡는다. 예측 데이터는 곧바로 행동으로 연결될 수 있고 더 정확하고 빠른 행동으로 연결되는 실행 가능한 데이터여서 가치가 크다. 예측 데이터는 정확성(accuracy), 민첩성(agility), 통찰성(insight), 실시간 실행가능성(real-time feasibility)을 가진 스마트 데이터(smart data)여서 가치가 크다.

다섯째, 보안 기술이다. 사물을 통해 수집하는 정보들은 민감한 것이 많다. 당신의 신체 정보라든지 보안성이 높은 지역이나 사물에 대한 정보들이다. 이런 정보들이 오고 가는 과정, 이런 정보를 수집하고 발생시키는 사물에 대한 보안의 중요성은 사물인터넷 환경이 주는 유익만큼 커질 것이다. 그리고 보안의 핵심 역시 인공지능이 될 것이다. 인공지능이 해커들의 다양한 전략과 전술을 학습할 것이다. 그리고 이에 대응하는 전략을 개발할 것이다.

마지막으로, 서비스 인터페이스다. 인간이 사물인터넷 환경을 만드는 이유는 인류의 번영을 위해서다. 인류의 번영에 기여하는 새로운 가치를 만들어 내기 위함이다. 인공지능이 운영하는 사물인터넷 환경은 고객에게 딱 들어맞는 정보, 지식, 역량을 정확한 시간과 정확한 장소에 정확히 필요한 만큼을 제공해 줄 수 있다. 적재적소(適材適所), 적시적량(適時適量)으로 서비스를 제공할 수 있는 '인공지능 사물인터넷 환경'의 특성을 잘 활용하려면 새로운 가치를 지속적으로 창출할 수 있는 서비스 인터페이스가 중요하다.

예를 들어, 옴니채널(Omni channel)이 한 예다. 옴니채널은 소비자가 온라인, 오프라인, 모바일 등의 어떤 채널을 통해서 접속하더라도 일관된 서비스를 제공할 수 있도록 모든 쇼핑 채널의 정체성을 하나로 맞추어 쇼핑 환경과 사용자 경험을 융합하고 통합하는 '채널 정체성 통합 시스템(channel identity integration system)'이다.[180] 멀티채널(multi channel)이 채널의 다양성과 단순한 연결성을 강조한다면, 옴니채널은 사물인터넷 기술의 효과를 적극 활용하여 고객 체험을 한 단계 더 진보시킨 기술이다.

미래에는 웨어러블 디바이스를 비롯하여 홀로그램, 로봇 및 수많은 사물과 디바이스들이 옴니채널 속에 포함되어 가상과 현실 공간을 자유롭게 넘나들면서 정보의 끊김 현상이나 경험의 단절이나 지연 현상 없이 사용자의 경험과 체험을 극대화할 것이다. 그리고 이런 복잡한 옴니채널 환경을 인공지능이 적절하게 통제하면서 고객 서비스의 질을 더욱 향상시킬 것이다.

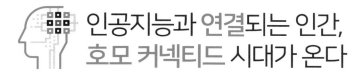

인공지능과 연결되는 인간, 호모 커넥티드 시대가 온다

사물인터넷 환경을 사업적으로 구분해 본다면 OS, 디바이스, 소프트웨어 및 생태계 시장으로 나뉠 것이다. 이중에서도 운영체제(OS)를 기반으로 사물인터넷 생태계의 틀을 표준화하는 기업이 가장 강력한 지배력을 갖게 된다. 그리고 운영체제(OS)를 지배하는 최상위 기술은 당연히 인공지능이다. 이런 경쟁 구도와 사업 방식은 스마트폰과 비슷하다. 스마트폰 역시 사물인터넷 환경에서는 하나의 사물(One of Things)이 될 뿐이다.

이런 환경이 구축되면 소비자는 단순한 구매자나 개방형 서비스 안에서 부분적 참여를 하는 역할을 넘어 네트워크 연결의 일부가 된다. 소비자이면서 동시에 생산자의 일부가 되는 것은 물론이고, 제품과 서비스 자체의 일부가 된다. 인공지능과 집단지능의 일부가 되고, 공급자의 일부가 되고, 유통망의 일부가 되고, 소비자 전체 그룹의 일부가 된다. 자신의 생리적 신호와 정보, 신체적 감정적 정보를 제공하는 대가로 때로는 거대한 초연결사회의 두뇌로서 일부가 되고, 때로는 몸으로서 일부가 되고, 때로는 말단 신경망으로서 일부가 될 것이다.

결국, 인간의 존재 방식도 변화된다. 사물인터넷은 '인간 신경의 연장'을 가능하게 한다. 인간의 몸에서 신경은 뇌의 명령을 몸에 전달하고 반대로 몸 안팎의 정보를 뇌에 전달하는 역할을 한다. 뇌의 중요한 정보 수집 역할을 한다. 사물인터넷은 마치 신경의 연장처럼 우리 신경의 연장이 되어, 내 몸의 신경처럼 사물의 내외부 상태를 파악하여 전달해 주고, 거꾸로 인간의 명령을 전달받아 생각하는 대로 사물을 작동시킨다. 우리 집이나 사무실 전체가 사물인터넷 환경이 되면 집에 있는 모든 사물들을 내 몸의 신경처럼 쓸 수 있게 된다. 이런 미래 가능성 때문에 사물인터넷이 우리 삶을 혁명적으로 변화시켜 줄 것이라는 예측이 가능하다. 사물인터넷 기술이 지향하는 초연결사회(Hyper connected society)는 필연적으로 인간의 존재 방식을 바꾼다. 일명, 커넥티드 휴먼(Connected Human), 호모커넥티드(HomoConnected) 인류로의 진보다.

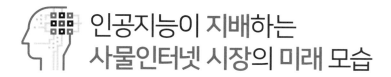

인공지능이 지배하는
사물인터넷 시장의 미래 모습

　인공지능이 지배하는 사물인터넷 시장의 미래 모습은 어떨까? 인공지능이 지배하는 사물인터넷 시대, 인간조차도 연결의 일부가 되는 시대에는 사물, 혹은 제품과 서비스의 완전한 소유가 불가능해진다. 완전한 소유를 하려면 자기가 소유한 사물을 네트워크에서 단절시켜 폐쇄형 사물로 만들어야 한다. 사물인터넷 시대에 사물은 기본적으로 개방형 사물이 된다. 개방형 사물, 개방형 제품과 서비스, 개방형 신체의 시대에는 소유가 아닌 사물의 시공간적 영역이나 지위(class), 성과(performance), 역량(ability)을 점유(occupation)하거나 일정 기간 접속(connection)하는 것만이 가능하다. 소비자는 제품과 서비스의 영역, 지위, 성과, 역량의 주도적 점유권을 사는 것이고, 생산자, 기업, 판매자, 유통자, 기타 다른 접속자들은 상호운영권을 사게 된다. 즉, 하나의 제품이나 서비스에 다양한 구매자가 연결되어 있는 새로운 비즈니스 모델이 가능해진다. 그렇기 때문에 제품과 서비스의 점유권을 구매한 사람도 완전한 소유권을 구매하는 것보다 저렴한 가격을 지불하게 된다. 새로운 가격 혁명의 모델이 가능해진다.

　G20 선진국을 중심으로 사물인터넷 비즈니스에 가장 큰 기여를

할 영역은 '고령화'다. 사물인터넷의 직접적 영향을 받는 시장은 헬스케어다. 헬스케어에 대한 관심은 고령화 사회가 될수록 커진다. 고령화와 관련된 사물인터넷 시장은 초기에는 웨어러블 디바이스를 중심으로 진행될 것이다. 즉, 인공지능이 지배하는 사물인터넷 시장의 첫 번째 격전지는 인간의 몸이다.

인공지능이 지배하는 사물인터넷 시대의 또 다른 큰 시장은 미래 자동차다. 단일 디바이스로 사물인터넷의 활용도가 가장 높은 것이 자동차다. 자율주행 자동차 시대는 자동차와 자동차의 연결, 자동차와 교통 인프라의 연결, 자동차와 주변 사물과의 연결, 자동차와 사람의 연결, 운전자와 운전자의 연결, 자동차 속의 사물과 사물의 연결이 중요해진다. 그래서 미래 자동차 시장은 사물인터넷 환경의 가장 큰 시장이며, 가장 중요한 시장이자, 가장 활발한 시장이다.

그다음으로는 스마트 홈이나 스마트 사무실이 될 것이다. 스마트 홈이나 사무실에서는 거주자 생체 컨디션 관리, 온도나 전기 및 조명 관리 등의 홈 컨디션 관리 , 거주자 및 홈 시큐리티, 백색가전 및 홈 사물 관리 등이 주요 영역이다.

사물에 센서, 네트워크, 컴퓨터 칩을 심어 지능을 갖게 하는 방법은 두 가지다. 하나는 소비자가 직접 사물에 일일이 칩을 넣는 것이다. 다른 하나는 소비자가 이미 칩이 들어가 있는 사물을 재구매하는 것이다. 그렇기 때문에 스마트 홈이 가장 늦게 사물인터넷 환경으로 완성될 가능성이 크다. 가정에서 사물인터넷 환경이 구현될 수 있는 의사 결정을 하는 사람은 남편이 아니라 아내이기 때문이다. 아내의 입장에서 자기가 칩, 네트워크 장치, 센서를 직접 사서 숟가락에서부터 소파에 이르기까지 모든 사물에 장착하는 것은 상당히 불편하고 어려운 일이다. 집 안의 모든 사물들을 소프트웨어적으로 연결하고 최적화시키는 일은 더 불편하고 힘든 일이다. 다른 방법은 집안의 모든 사물을 사물인터넷 기능이 장착된 것으로 바꾸는 것이다. 문제는 여기에 있다. 당신의 집에 있는 소파는 언제 바꾸나? 이사 갈 때다. 사물인터넷 환경이 가정에도 구현되는 기술은 당장이라도 가능하지만, 실제로 가정 안에 사물인터넷 환경을 완벽하게 구축하는 데는 상당한 시간이 필요하다.

개인의 몸에 사물인터넷 환경을 구축하는 것은 지금부터 시작이 되고, 시장이 형성되어 간다. 회사와 공장은 CEO의 의사 결정에 의해 빠르게 구축이 가능하다. 가정보다 회사 사무실, 공장과 얼리어답터의 몸 위에서 사물인터넷 시대가 먼저 구현될 가능성이 크다. 공장 안에서 사물인터넷 환경이 구축되는 것을 '산업 인터넷'이라고 부른다.

우리는 지금 초기 사물인터넷 시대를 살고 있다. 이미 공장의 몇몇 중요한 기기에는 컴퓨터 칩이 들어가 있고 네트워크를 통해서 메인 조종실에서 사람이 관리한다. 미래의 산업인터넷은 공장이나 사무실 안에서 사물(기계)들이 인간의 신경 연장 역할을 하면서 생산성 향상이라는 큰 파급력을 발생시킬 것이다. 내 몸에 붙어 있거나 주변에 있는 1차 사물을 통해 형광등에서부터 공장의 기계, 사무실, 집에 이르기까지 2차 사물들 전체를 자신의 신경망처럼 연결해서 탐색을 하고 명령을 내리고 조작할 수 있는 혁신적인 일들이 벌어질 것이다.

이 모든 것들이 사물인터넷 인프라에 포함되고 활발하게 작동이 되면, 그 다음은 스마트 도시, 스마트 국가, 스마트 지구 순으로 발전해 나갈 것이다. 스마트 도시나 국가에서는 스마트 교통, 전력 및 수도 인프라, 쓰레기 처리 및 환경 관리, 범죄 등의 시큐리티 등이 주요 영역이다. 그리고 미래의 사물인터넷 환경은 더욱 발전된 인공지능을 통해 모든 사물이 인격과 감정을 갖게 될 것이다. 모든 사물이 인격과 감정을 갖게 되면 도시 자체가, 지구 자체가 인격과 감정을 가진 존재가 될 수 있다.

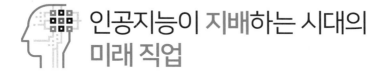

인공지능이 지배하는 시대의 미래 직업

인공지능이 지배하는 사물인터넷 시대가 오면서 새로 생겨나거나 없어지는 직업은 무엇일까? 사물인터넷 시대가 확장될수록 가장 위협받을 직업 영역은 중간 관리자들이다. 중간 관리자들은 회사에서 주로 신경계 역할을 한다. 우리 몸의 신경계처럼 회사 내외부의 정보를 수집하고 평가하고 경영진에게 보고한다. 거꾸로 경영진에서 내려오는 명령들을 하부 관리 조직이나 현장에서 일하는 직원들에게 전달하고 관리한다. 미래에는 사물인터넷의 하드웨어 플랫폼, 소프트웨어 플랫폼, 인공지능 등이 중간관리자의 역할을 대체할 가능성이 크다.

새로 생겨나는 직업은 무엇일까? 사물인터넷의 또 다른 중요 특징은 데이터의 폭발적 증가다. 이미 SNS 등을 통해 인간과 인간의 연결이 넓어지고 상호작용이 복잡해지면서 데이터들이 폭발적으로 증가했다. 여기에 사물까지 들어가면 사물 안에 있는 데이터, 사물이 감지하는 데이터들이 폭발적으로 증가하게 된다. 공기부터 시작해서 사물의 작동 및 인간 신체 정보까지 모든 것들이 다 데이터화된다. 인간이 사물인터넷 환경을 발전시켜 가는 이유는 더 많이 수집된 데이터를 통해서 훨씬 더 스마트하게 살기 위함이다. 좀 더 예측 가능한 삶을 살기 위함이다. 데이터를 훨씬 더 스마트하게 가공하고, 더 똑똑한 데이터를 기반한 예측을 통해 더 나은 생산성을 만들어 내기 위함이다. 당연히 이런 일을 하는 직업이 두각을 나타낼 것이다. 사물이 수집한 데이터들이 폭발적으로 증가하면서 현재 데이터 증가 속도의 수십 배 수백 배의 증가량을 보일 것이다. 데이터 기술(Data Technology) 시대에 맞는 능력을 가진 인재가 거의 전 산업 분야에 필요로 하게 될 것이다. 데이터 사이언티스트는 물론이고, 개인과 기업들이 폭발적으로 증가하는 데이터를 활용할 수 있도록 하는 데 필요한 다양한 소프트웨어들을 만드는 이들, 데이터들을 창의적으로 활용하기 위한 콘셉트를 만들어 내는 인문학적, 사회학적 역량을 가진 사람들이 각광을 받게 될 것이다.

일반적으로 미래 기술을 얘기하다 보면 공학 쪽에만 일자리가 생길 것이라는 착각을 하기 쉽다. 반면에 인문학이나 사회학 쪽은 일자리가 없어질 것이라고 생각한다. 절대 그렇지 않다. 기술과 기계공학이 만들어 내는 디바이스는 매개체이고, 결국은 그런 기술이나 새로운 디바이스를 통해서 만들어지는 데이터로부터 사람들의 다양한 생각, 심리, 행동의 변화들을 어떻게 창조적으로 이끌어 내느냐, 어떻게 더 나은 미래와 행복을 구현해 내느냐는 인문사회학 분야의 역할이다. 이런 측면에서 사물인터넷 기술은 인문 사회학의 새로운 부흥을 이끌어 낼 가능성이 크다. 신르네상스의 재현을 일으킬 것이다.

인공지능이 지배하는 사물인터넷 시대에 개인이 준비해야 할 것은 무엇일까? 사물에 네트워크를 연결시키고, 이것을 지배하는 인공지능을 만드는 것은 대기업의 몫이다. 사물인터넷 환경이 구현된 다음에 어떤 새로운 혜택과 변화들이 만들어지느냐는 창의적인 개인들의 몫이다. 다가오는 미래를 먼저 준비하고, 창의적인 사고가 잘 훈련된 개인들이 벤처 창업을 통해서 다양한 비즈니스 모델들을 만들어 낼 수 있게 될 것이다. 그래서 개인들이 준비해야 할 것은 미래에 대한 공부다. 개인들은 인공지능이 지배하는 사물인터넷 환경에 대해서 미리 통찰하고 예측을 하고 공부를 해서 어떠한 창의적인 제품이나 서비스를 제공할 것인가에 대한 다양한 생각들을 미리 해 보아야 한다. 인공지능을 활용하여 사물인터넷의 가장 큰 생산물인 빅데이터를 논리적으로 분석하고 예측해서 새로운 제품과 서비스를 창조하는 지식이나 기술들을 준비해야 한다.

 # 미래, 인공지능 수준 차이가 기업 가치를 결정한다

구글이 야후보다 기업 가치가 훨씬 큰 이유는 무엇일까? 답은 한 가지가 아닐 것이다. 구글이 야후보다 기업 가치가 뛰어난 데는 다양한 이유가 있다. 하지만 가장 큰 이유 중의 하나를 꼽자면, 그것은 바로 인공지능의 차이다. 구글과 야후 모두 IT 기업이다. IT 기업에게 인공지능은 가장 중요한 핵심 기술이다. 전문가들의 평가에 의하면, 구글의 기계학습 알고리즘이 야후보다 훨씬 더 낫다.[181]

구글의 자율주행 자동차가 거대 자동차 회사들보다 뛰어난 이유는 무엇일까? 역시 핵심은 인공지능의 수준 차이다. 필자는 이 책에서 인공지능 실력이 기업 실적과 직결되는 다양한 사례를 설명했다.

점점 더 빠르게 변하고 복잡해져만 가는 세상을 누가 더 빨리 이해하고 대안을 찾느냐가 기업의 생존을 좌우한다. 기업의 가치를 좌우한다.

이제 세상을 이해하고 대안을 찾는 것이 인간에서 인공지능으로 넘어가고 있다. 훨씬 더 복잡하고 빠르게 변하는 현상을 이해하고 예측하는 유일한 길은 빅데이터와 인공지능을 사용하는 것뿐이다. 세상이 빠르게 변하고 복잡해진다는 것은 비선형적(nonlinear)인 행보를 보인다는 말이다. 기계학습을 하는 인공지능의 출현은 비선형 모델들을 이해하고 미래를 예측하는 새롭고 강력한 도구다. 이런 도구를 사용하는 기업과 그렇지 않은 기업의 기업 가치는 확연히 다르게 될 것이다.

과거, 인공지능이 없던 시절에도 기업에게 세상에 대한 이해와 미래에 대한 예측은 곧 힘이자, 경쟁력이고, 이익이었다. 미래에는 어떻게 될까? 두 가지가 달라질 것이다. 첫째, 이런 현상이 더 심해질 것이다. 모든 기업, 모든 산업에 적용될 것이다. 둘째, 세상에 대한 이해와 미래에 대한 예측을 하는 주체가 사람에서 인공지능으로 넘어가게 될 것이다.

기업에서 의사 결정을 할 때 중요한 것은 다음 세 가지다.

무엇을 변화시켜야 이익이 늘어날까?
그런 변화가 실제로 가능할까?

그런 변화를 일으키는 행동을 하는 데 드는 비용은 얼마인가?[182]

이런 질문에 대한 최선의 답을 찾는 방식에 변화가 일어나고 있다. 고대와 중세까지는 신에게 답을 물었다. 근대와 현대에 와서는 신 대신 전문가에게서 답을 찾았다. 21세기에는 인공지능에게서 최선의 답을 찾을 것이다.

구글, 애플, 마이크로소프트, IBM 등이 인공지능 분야에서 무한 경쟁을 시작한 이유다. 그리고 이들이 벌이는 치열한 인공지능 성능 경쟁은 예측 성능에서 승부가 판가름 날 것이다. 뛰어난 예측 능력이 뛰어난 의사 결정으로 직결되기 때문이다. 예측 결과의 차이가 전략과 대안 선택의 의사 결정 차이를 만들어 내고, 전략과 대안의 차이에서 기업의 성과 차이가 발생하기 때문이다.

예를 들어, 미국 애리조나주립대학교 파울로 사카리안 교수팀은 2014년에 이슬람 테러 집단인 IS가 일으킨 2,200여 사건들을 분석하여 그들의 테러 전략을 예측하는 인공지능 알고리즘을 개발했다.[183] 인공지능의 예측 능력은 시간이 갈수록 강력해지고 그 범위도 넓어질 것이다. 새로운 발견, 혹은 발명은 가설-추론-시험을 반복하는 과정에서 나온다. 기계학습은 스스로 가설을 세우고, 추론을 하고 시험을 한다. 발견과 발명이 자동화될 수 있는 이유다.[184] 그리고 구글, 애플, 마이크로소프트, IBM 등의 회사들 중에서 이런 능력을 가장 빨리 학습하고, 가장 정확하게 수행하는 알고리즘을 만드는 회사가 승리한다. 그리고 나머지 회사들은 어떤 인공지능을 선택하고, 선택한 인공지능을 어떻게 사용하느냐의 차이에서 기업 가치가 갈릴 것이다.

인간의 두뇌 확장, 언어 확장, 지식 확장을 가능케 하는 인공지능은 한 영역에 있는 유용한 지식을 다른 영역으로 전달해 주는 '지식 전이' 효과를 만들어 낼 것이다.[185] 지식 전이 효과는 특별한 사람이나 기업에만 집중되었던 혁신, 창조, 발명 능력을 더 많은 개인과 기업에게 확산시킬 것이다. 21세기에 나타나는 약한 인공지능과 강한 인공지능 기술은 과거에는 전문가만 가능했던 영역에 누구나 진입하게 해 줄 것이다. 이런 시대에 인공지능을 사용하지 않는 것은 재앙이다.

체이스은행(Chase Bank)은 대출을 해 준 주택 소유자가 미래에 어떻게 대출금을 상환할 수 있을까를 예측한 것을 금융상품에 반영하여 한 해 동안 1억 달러의 수익을 늘렸다.[186] 단지, 예측의 힘만으로 1억 달러 수익이 증가했다. 빅데이터의 시대, 매일 250경 바이트씩 정보가 증가하는 시대, 의료 기록, 대출 신청, SNS 게시물, 위치 이동 정보, 영화 및 물품 구매 내역과 추천, 스팸 이메일, 사기 행위, 콜센터 상담 내용 등 모든 종류의 데이터가 기록되고 분석되는 시대에는 인공지능의 힘을 빌리지 않으면 기업 경쟁력을 갖추기 힘들다.[187]

기저귀를 사면 맥주도 살 가능성이 크다.

바비 인형을 산 고객 중에서 60퍼센트가 막대사탕을 산다.

맥킨토시 컴퓨터 사용자는 상대적으로 더 비싼 호텔을 예약한다.

신용등급이 낮을수록 자동차 사고가 많이 난다.

자살폭탄 테러범은 생명보험에 들지 않는다.

범죄는 한 곳에서 두 번 발생한다.

음악적 취향은 정치적 성향을 예측하게 해 준다.

채식주의자는 비행기를 놓치는 경우가 더 적다.[188]

이런 이상하고 놀라운 발견, 그리고 이런 발견과 분석을 통한 예측은 사람의 능력으로 불가능하다. 인공지능만이 가능하다. 그래서 미래는 인공지능 수준 차이가 기업 가치를 결정한다는 필자의 예측은 틀리지 않을 것이다.

21세기 기업 마케팅의 승부도 인공지능 활용에서 성패가 갈릴 것이다. 개별 고객의 생각과 감정에 맞춤형으로 반응하는 광고를 내보내는 것뿐만 아니라, 잠재적 고객에게 상품과 서비스 정보를 제공하고, 적시(just-in-time)에 제품과 서비스의 장점과 필요성을 체험하게 하면서 인지효과를 극대화시키고, 실시간 맞춤형 예측 가격까지 제시하여 실제 구매에 이르게 하는 역할을 하는 인공지능 활용 마케팅은 기업 성공의 중요한 기술이 될 것이다.

도시 안에서도 사람들의 움직임, 패턴, 실시간 변화상을 파악하고 예측하면 영업 전략, 물류 흐름들도 수정할 수 있다.

멀지 않은 미래에 인공지능이 실시간으로 고객의 행동과 생각을 읽고 예측할 수 있는 능력을 갖게 되면 고객이 상품과 서비스를 구매할 때 의사 결정을 돕는 강력한 도구가 될 것이다. 고객에 맞는 상품과 서비스, 그것을 사용하는 방법, 적합도, 효용성을 예측하고 관리해 주는 서비스가 가능하기 때문이다. 고객의 입장에서는 인공지능이 가장 뛰어난 라이프 코치가 된다.

인공지능으로 소비의 장소, 시간, 동선, 패턴, 생각, 느낌, 인식 등에 관해 다양하고 복잡하게 연계된 빅데이터를 분석하여 이를 기반으로 다양한 예측 결과를 만들어 내면 새로운 비즈니스의 세계를 열 수 있다. 도시에서 만들어지는 각종 데이터를 분석하고 이를 기반으로 다양한 예측 정보를 만들어 내는 가운데 얻어지는 통찰력을 부동산 가치와 연계시킬 수도 있다.

기업이 만든 제품과 서비스의 성능도 전적으로 인공지능에 의존하게 될 것이다. 새로운 제품의 개발에 대한 아이디어 도출부터 생산 라인에서 불량을 줄여 주는 것까지, 그리고 제품 자체가 인공지능과 연결되어 더욱 똑똑한 제품으로 향상될 것이다. 즉, 21세기 중반쯤에는 인공지능을 빼놓고는 제품과 서비스의 경쟁력, 기업 경쟁력을 말할 수 없게 될 것이다.

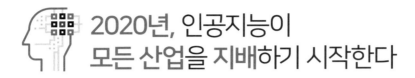

2020년, 인공지능이
모든 산업을 지배하기 시작한다

"만약 지금 내가 5,000달러와 노트북 한 대가 전재산이라면….
난 5,000달러를 모두 머신러닝(machine learning·컴퓨터가 인간처럼 학습하여 규칙을 만들어내는 기술) 소프트웨어를 만드는 데 쏟아붓겠다. 돈이 좀 부족할 수도 있다. 그래도 소프트웨어부터 만들어야 한다. 투자는 나중에 받으면 된다."

2015년 10월 29일 한국의 한 강연회에서 구글을 세계 최고의 기업으로 성장시킨 에릭 슈미트 회장이 자신 있게 내뱉은 말이다. 에릭 슈미트 회장은 60이 훌쩍 넘은 나이에도 새로운 기술의 미래를 내다보는 통찰력뿐만 아니라, 미래에 거침없이 도전하는 능력을 보여 주는 인물이다. 대부분의 사람들은 나이 60이 되면 은퇴를 생각한다. 육체적으로 늙어 가는 자신을 바라보고 우울해한다. 정신적으로도 노쇠해 가는 자신을 바라보면서 새로운 것에 대한 학습이나 도전을 포기한다. 하지만 그는 달랐다. 강연회 내내 에릭 슈미트 회장의 입에서 기계학습, 인공지능에 대한 말이 끊임없이 튀어나왔다. 그는 인공지능 관련해서 구글이 진행하는 프로젝트가 100여 개가 넘으며, 2020년경이 되면 기계학습을 기반으로 한 인공지능이 모든 산업을 지배할 것이라는 예측을 했다.

"왜 꼭 사람이 차를 운전해야 하나? 컴퓨터가 여러분보다 시력도 좋고 판단도 빠르다. 병원 의사보다 컴퓨터가 결과 판독을 더 잘 할 수 있다!"[189]

필자도 에릭 슈미트의 예측에 동의한다. 아니, 그가 생각하는 것보다 인공지능이 더 강력하게 산업을 지배해 갈 것이라고 예측한다. 필자가 늘 주장하는 것처럼, 21세기에 인공지능은 사람을 지배하지 않는다. 하지만 인공지능은 산업을 하나씩 빠른 속도로 지배해 갈 것이다. 인공지능을 어떻게 활용하느냐에 따라 회사의 운명이 바뀔 것이다. 지금 대부분의 회사에는 최고기술경영자(CTO)라는 직책이 있다. 하지만 2020년에는 최고인공지능경영자(Chief Artificial Intelligence Officer)가 그 자리를 대신하는 회사들도 생겨날 것이다.

2020년 이후에는 인공지능이 산업만 지배하는 것이 아니다. 인공지능이 하드웨어도 지배하게 될 것이다. 인공지능은 두뇌에 해당하기 때문에, 당연히 몸에 해당하는 하드웨어를 지배하는 것은 논리적으로 옳은 예측이다. 즉, 인공지능에서 밀리는 회사는 하드웨어를 팔지 못하게 될 것이다. 인공지능 기술에서 밀리면 자동차도 팔지 못한다. 스마트폰도 팔지 못한다. TV나 냉장고 등 가전제품도 팔지 못한다. 인공지능 기술에서 밀리면 아파트도 팔지 못한다. 인공지능에서 밀리면 아주 작은 탁상용 스피커에서부터 아주 거대한 선박이나 비행기도 팔지 못하는 시대가 곧 도래할 것이다.

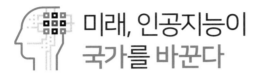

미래, 인공지능이 국가를 바꾼다

인공지능은 국가의 운명을 바꿀 수도 있다.[190] 2012년 미국 대통령 선거에서 오바마 캠프의 총책임자였던 짐 메시나(Jim Messina)는 "선거 운동의 모든 것을 숫자로 측정할 것이다!"라는 선언을 했다.[191] 마치, 구글처럼 데이터가 의사 결정의 중심이라는 선언이다. 선거 운동 과정에서 중요한 의사 결정을 컨설턴트들의 직관에 따라 했던 수백 년 전통을 일거에 뒤집었다.

오바마 캠프의 선거 운동 자원봉사자들은 스마트폰, 노트북, 태블릿 PC 등을 가지고 골목골목을 누비면서 유권자를 만났다. 유권자들을 만나기 전에 그들의 스마트폰, 노트북, 태블릿 PC에는 만나는 사람의 정보가 이미 도착해 있었다. 빅데이터를 분석, 예측한 결과가 시키는 대로 선거 자원봉사자들은 어디를 방문해야 할지, 누구를 만나야 할지, 무슨 이야기를 해야 할지를 이미 알았다. 유권자를 만나 얻은 정보는 다시 선거 자원봉자사들의 스마트폰으로 통해 아마존 클라우드 센터에 업로드 되었다.

이렇게 수집된 데이터는 사소한 것이라도 빠짐없이 컴퓨터 시뮬레이션 프로그램에 반영되어 매일 밤 6만 6,000번의 모의선거 자료로 사용되었다. 이 과정에서 얻어진 새로운 인사이트는 다음 날 아침이면 곧바로 선거 자금과 인력 배분, 선거 전략에 반영되었다.

빅데이터 분석과 예측으로 매일 수정되는 상황과 전략에 따라 선거 콘텐츠도 트위터, 페이스북, 텀블러, 인스타그램, 링크드인, 유튜브, 구글 등 사용 가능한 모든 미디어 채널을 사용하여 맞춤형으로 전달되었다. 새로 등장한 모바일 인프라는 적극 활용되었다. 이런 선거 운동을 진두지휘하는 팀은 실리콘밸리 출신 33세의 하퍼 리드(Harper Reed)가 최고기술책임자(CTO)를 맡고, 50명의 데이터 분석가, 50명의 소프트웨어 엔지니어, 200명의 디지털 미디어팀으로 구성되었다. 그들은 총 18개월 동안 1인당 1,000여 개 정도 되는 2억 명의 정치적 성향 관련 빅데이터를 분석했다.[192] 이들이 분석한 데이터와 시스템은 '평균 초당 4기가바이트, 1초당 1만 개 작업 요청 수행, 평균 2,000대 서버 운용, 전체 사용한 데이터 저장용량은 180테라바이트, 총 처리한 작업 요청은 85억 개, 테스트를 위한 샘플 집단은 40만 명, 7,000명에게 동시에 전화를 걸 수 있는 가상 콜센터(Call-from-Home), 2,000만 명에게 동시에 발송할 수 있는 메일 발송 리스트'였다. 단기간으로는 역사상 가장 많은 데이터를 다룬 팀이

되었다.[193]

미국 공화당이나 민주당은 1970년대 후반부터 지역 사무실을 통해 유권자 정보 데이터베이스를 구축하기 시작했다. 유권자가 이사를 가도 추적할 수 있는 시스템도 만들었다. 미국은 유권자 등록을 할 때 자신이 지지하는 정당을 표시해야 한다. 당내 후보 경선 선거(Primary)에 참여하기 위해서다. 그렇기 때문에 각 당의 데이터베이스는 유권자 등록을 하지 않거나, 방문 유세나 설문 조사를 통해 접촉하지 않은 사람은 데이터가 거의 없다.[194]

2008년 선거 운동 때에도 오바마 캠프는 'SNS 대통령'이라는 별명을 얻을 정도로 웹과 이메일, 유튜브, SNS 등을 적극 사용했다. 하지만 2012년 재선 경쟁에서는 상대방도 소셜 네트워크를 적극 활용했다. 공화당의 온라인 네트워크도 민주당과 오바마와 대등한 수준으로 올라섰다.

2012년 오바마 선거캠프는 새로운 무기가 필요했다. 재선 선거 총책임자였던 짐 메시나가 선거를 준비하면서 애플의 스티브 잡스, 구글의 에릭 슈미트, 스티븐 스필버그, 세일즈포스닷컴의 마크 베니오프 등에게 조언을 받으며 꺼내든 무기는 '데이터 과학'이었다. 기존 유권자 정보 데이터베이스에 없는 새로운 정보도 필요했다. 그래서 은행이 가지고 있는 개인별 신용평가 점수 같은 민간 기업의 데이터를 눈여겨보기 시작했다. 개인정보 수집에는 두 가지 규제가 있다. 하나는 옵트인(Opt-in)이고, 다른 하나는 옵트아웃(Opt-out)이다. 미국 공공기관은 개인이 동의를 해야만 정보를 수집할 수 있는 옵트인 (Opt-in)을 적용한다. 반면에 민간은 개인이 요구를 할 경우에만 개인정보를 사용할 수 없는 옵트아웃(Opt-out)을 적용한다. 산업 발전을 촉진하기 위해 자율규제를 허용하기 때문이다.[195]

민주당은 액시엄(Acxiom)이 보유한 포춘 100대 기업에 오른 47개 기업 고객과 미국 성인 2억 명의 데이터베이스, 선거 전략 컨설팅 회사나 선거운동 관련 IT 서비스 회사가 가지고 있는 데이터, 비영리단체가 가지고 있는 후원금 기부자와 자원봉사자 데이터, 민간 기업이나 마케팅 회사가 가지고 있는 소비자 라이프스타일 분석 데이터 등을 결합했다. 민주당 자원봉사자들이 자기 주변의 유권자 정보를 계속해서 업데이트했다.

이처럼 기존의 롱데이터와 결합할 새로운 빅데이터를 찾았다. 롱데이터(Long Data)는 오랜 시간에 걸쳐 쌓인 데이터다. 롱데이터는 분석과 예측의 기본이 된다. 롱데이터 위에 현재의 변화를 포착하는 새로운 빅데이터를 결합했다. 트위터, 페이스북, 텀블러, 인스타그램, 링크드인, 유튜브, 구글 데이터 분석은 기본이었다. 더군다나 별다른 용도가 없어 보여도 닥치는 대로 모았다. 언젠가 기술이 발달하면 이런 정보도 활용할 수 있을 것이라 생각했다. 이렇게 정보가 모이고 연결되면서, 2012년 오바마 캠프는 유권자에게 직접 물어보지 않고도 유권자의 마음을 붙잡을 질문과 해답을 예측하는 '유권자 예측 모델링' 알고리즘을 만들어 낼 수 있었다. 이 예측을 기반으로 유권자를 맞춤형으로 만나 더 깊은 대화를 하고 정보를 얻어 냈다. 미국을 18만 개 지역으로 나누어 맞춤형 선거 홍보를 했다.[196] 얻어진 데이터를 분석하는 데이터 과학(Data Science), 혹은 데이터 기술(Data Technology)을 발전시킬 수 있었다. 미국 선거 역사상 최초의 시도였다. 결과는? 선거 캠프의 득표율 예측은 오차 범위를 넘지 않았고, 온라인 후원금은 2008년보다 1억 9,000만 달러가 더 모였고, 청년층에서 125만 표를 더 얻었다.[197] 그리고, 오바마 대통령의 재선 성공!

한 국가의 도시 문제를 해결하는 데도 인공지능의 예측 능력이 중요하다. 인구 1,000만 이상의 대도시는 34개다. 전 세계 인구의 54퍼센트는 도시에서 산다. 도시는 전체 에너지의 65퍼센트 이상을 소비한다.[198] 많은 사람들이 도시에 모여살수록 도시 문제는 커진다. 환경오염, 소음, 교통대란, 범죄, 부의 불균형 분배, 미세먼지, 중금속 오염, 재난의 두려움, 식수 문제, 쓰레기 처리, 사회적 갈등…. 도시는 수많은 문제로 몸살을 앓고 있다. 이런 문제들을 해결하는 데 인공지능의 미래 예측 능력은 아주 중요하다. IBM, 구글, 애플, 마이크로소프트 같은 대기업과 각국의 정부들은 인공지능과 IT 기술을 활용하여 미래 도시 문제를 해결하고, 똑똑한 도시 환경을 만들기 위한 연구개발을 시작했다.[199]

인공지능과 빅데이터의 만남이 가져올 의학 발전

　인공지능의 예측 능력은 국가의 주체가 되는 사람의 생명을 살리고 인생을 바꿀 수 있다. 더 나은 미래를 만들어 내는 능력이 있다. 캐나다 온타리오공과대학의 캐롤린 맥그리거(Carolyn McGregor) 교수는 빅데이터 속에서 보이지 않는 생명의 신호를 포착하여 인큐베이터 안에서 사경을 헤매는 미숙아의 생존률을 높이는 길을 찾았다.

　캐롤린 맥그리거 박사는 대학에서 컴퓨터공학을 전공하고 은행에서 경영 정보를 수집하고 분석하는 일을 했다. 우연히 한 신생아 학자의 권유로 대형 병원 신생아 집중 치료실을 방문한 후 인생이 바뀌었다. 정보를 수집하고 분석하는 전문가인 캐롤린 맥그리거 박사의 눈에 신생아 집중 치료실에 설치된 의료 장비들이 실시간으로 쏟아내는 엄청난 양의 정보들이 포착되었다. 그런데 그 정보들이 대부분 버려진다는 사실에 충격을 받았다. 대부분 버려지는 정보들이 지금 이 순간에도 죽음과 사투를 벌이고 있는 인큐베이터 속의 미숙아를 살리는 중요한 힘이 된다는 것을 간호사나 의사들은 몰랐다. 초당 만 건 이상 쏟아지는 보물과 같은 정보를 거의 다 버리고, 의사와 간호사들은 자신들의 경험과 감, 의학적 지식에만 의존해서 미숙아를 치료하고 있었다. 캐롤린 맥그리거 박사의 마음에는 신생아 집중

치료실에 쏟아지는 빅데이터를 잘 활용하면 더 많은 신생아를 살릴 수 있다는 확신이 들었다.

그러던 와중에 자신의 첫 딸아이가 희귀 염색체 질환을 가진 미숙아로 태어나는 불행을 맞게 되었다. 불행하게도 딸은 얼마가지 않아 죽고 말았다. 딸의 죽음에 큰 자극을 받은 캐롤린 맥그리거 박사는 본격적으로 의료 데이터 연구에 뛰어들었다. 그리고 신생아 집중 치료실의 각종 의료 장비를 통해 나오는 신생아의 체온, 심장 박동, 호흡, 혈압 등의 다양한 바이털사인(Vital Sign)과 미세한 변화를 모니터링하고 실시간으로 분석하여 치명적 징후를 최소한 24시간 안에 빨리 감지하고 경고하는 조기경보시스템을 개발했다.[200] 캐롤린 맥그리거 교수의 말이다.

"더 많은 데이터를 가질 수 있다면 지금보다 훨씬 많은 생명을 구할 수 있습니다"[201]

이미 더 많은 데이터를 가지고 의료 분야에서 탁월한 성과를 내기 시작한 인공지능 서비스가 있다. IBM의 닥터 왓슨이다. 닥터 왓슨은 IBM의 인공지능 서비스인 왓슨을 의료 분야에 접목한 서비스로, 빅데이터의 수집, 저장, 검색, 분석, 체계화, 예측을 통해 환자를 진단하고 치료법을 제안한다. 닥터 왓슨은 미국 '세톤 헬스케어 패밀리'라는 병원을 첫 고객으로 계속해서 의료 서비스 고객을 늘려가고 있다.

앰디 앤더슨 암센터(MD Anderson Cancer Center)는 환자의 진료기록, 임상정보, 의사의 소견 등을 분석하여 암과 백혈병 환자를 분석하고 치료하는 데 IBM의 기계학습 시스템인 왓슨을 적용하고 있다.

전세계 의학 논문은 7년마다 2배씩 증가하고 있다. 의사는 진단과 치료에 대한 자신의 판단이나 가설을 검증하고 수정하기 위해 수많은 양의 정보를 수집, 저장, 검색, 분석, 체계화해야 한다. 이를 기반으로 몇 가지 치료 방법의 성공 가능성을 예측해야 한다. 지금보다 훨씬 더 많은 생명을 구하려면 방대한 의료 및 환자 빅데이터를 정교하고 빠르게 분석하고 처리할 도우미가 필요하다. IBM의 인공지능인 닥터 왓슨이 이 역할을 훌륭하게 수행할 수 있다. 닥터 왓슨은 인공지능과 빅데이터가 만나면 엄청난 의학 발전을 이룰 수 있다는 것을 증명하고 있다.

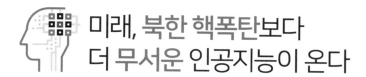

미래, 북한 핵폭탄보다 더 무서운 인공지능이 온다

동아시아 정세가 북한의 핵폭탄 개발 문제로 긴장감이 높아지고 있다. 원자폭탄(atomic bomb)은 제2차 세계대전을 상징하는 무기다.

1905년, 천재 물리학자 아인슈타인은 5편의 논문을 발표했다. 그중 한 논문의 제목은 〈물체의 관성은 에너지 함량에 의존하는가?〉였다. 이 논문에서 아인슈타인은 그 유명한 법칙인 $E=mc^2$을 발표했다. 질량과 에너지는 서로 변환될 수 있고, 질량과 에너지 사이의 관계는 광속의 제곱이라는 숫자로 매개된다는 질량-에너지 등가원리였다. 이 주장이 사실이라면 아주 작은 질량을 가진 물체라도 변환 과정에서 엄청난 에너지를 방출할 수 있다. 하지만 아인슈타인이 주장한 내용은 30여 년 동안 이론에만 머물렀다.

1934년 이탈리아의 물리학자 페르미(Enrico Fermi)가 우라늄 원자에 중성자를 쏘아 원자핵을 붕괴시키는 실험에 성공했다. 그리고 1938년 12월 독일의 화학자 한(Otto Hahn), 슈트라스만(Fritz Strassmann), 마이트너(Lise Meitner), 프리슈(Otto Frisch)에 의해 아인슈타인의 이론을 뒷받침하는 핵분열 반응이 발견되었다. 참고로, '핵분열(nuclear fission)'이라는 용어를 처음으로 사용한 사람은 마이트너(Lise Meitner)였다. 1939년 3월에는 연쇄반응발생 현상이 확인되었다. 이 발견들은 핵분열 반응을 기초로 한 가공할 만한 위력의 무기가 탄생할 수 있다는 가능성을 부각시켰다. 일명, 핵분열폭탄이다.

1939년 4월, 독일에서 핵분열 연구를 위한 우라늄 클럽(Uranverein)이 조직되자, 핵분열폭탄이 히틀러의 손에 들어가면 인류에게 재앙이 올 것이라는 위기감에 1939년 10월 미국은 신속하게 우라늄위원회를 발족했다. 영국도 1940년 4월에 모드위원회(MAUD

Committee)를 설치하여 핵무기 개발에 시동을 걸었다. 하지만 아인슈타인을 비롯한 대부분의 물리학자들은 원자폭탄의 제조가 빠른 시일 내에 이루어질 것이라고 생각하지는 않았다. 천연 우라늄 중에서 우라늄 235와 우라늄 238의 비율이 1: 140 정도로 아주 낮았기 때문이었다. 그러나 1941년 3월에 미국의 화학자 시보그(Glenn Seaborg)가 우라늄 235와 같은 연쇄반응을 일으키는 물질인 플루토늄을 추출하는 데 성공하면서 이 문제는 단번에 해결되었다.

그리고 1941년 12월 일본이 진주만을 공격하자 루즈벨트 대통령은 1942년 8월에 원자폭탄 개발을 서두르기 위해 맨해튼 계획(Manhattan Project)을 시작했다. 맨해튼 계획에는 12만 5천 명의 인원과 22억 달러의 자금이 들어갔다. 맨해튼 계획이 시작된 후 독일과 일본을 제압하여 세계전쟁을 종결 짓기 위해 미국과 영국은 협력하여 원자폭탄을 개발했다. 몇몇 과학자들은 원자폭탄의 가공할 위험성을 알고 반대했으나 미국은 1945년 7월에 역사상 최초로 원자폭탄 투하 실험에 성공했다.

1945년 7월 16일에 뉴멕시코 주 앨라모고도의 사막에서 암호명 '트리니티(Trinity)'로 진행된 실험에서 드러난 위력은 TNT 2만 톤 수준이었다. 원자폭탄의 위력에 두려움을 느낀 실라르드(Leo Szilard)와 프랑크(James Franck)를 중심으로 한 시카고대학교의 과학자들은 프랑크 보고서를 통해 원자폭탄을 일본에 직접 투하하지 말 것을 건의했다. 대신, 원자폭탄을 실험하는 장소에 일본 대표를 참관시켜 항복을 받아내자고 주장했다. 하지만 미국 국방장관을 비롯한 강경파들은 일본에 원자탄을 즉각적으로 투하할 것을 종용했다. 결국 히로시마와 나가사키가 최종 투하 목적지로 선정되었다. 1945년 8월 6일, 농축우라늄으로 제조한 원자폭탄이 히로시마에 투하되었다.

히로시마에 투하된 원자폭탄은 '꼬마(Little Boy)'라는 이름이 붙었다. 3일 뒤인 1945년 8월 9일에 플루토늄으로 제조된 원자폭탄 '뚱보(Fat Man)'가 나가사키에 투하되었다. 2발의 원자폭탄으로 히로시마에서 14만 명, 나가사키에서 7만 명이 죽었다. 6일 뒤인 8월 15일, 일본이 무조건 항복을 선언하면서 제2차 세계대전은 막을 내렸다. 2발의 원자폭탄에 한국인 사망자도 4만 명이나 되었다. 당시 히로시마에서 원자폭탄의 위력을 목격한 사람의 증언에 의하면 그 처참함이 어느 정도였는지를 가늠할 수 있다.[202]

거기엔 마치 죽은 개와 고양이처럼 시체들이 둥둥 떠가고 있었다. 옷 조각들이 넝마처럼 그들 몸에 간댕거리고 있었다. 나는 둑 근처 모래톱에서 얼굴을 위로 하고 떠내려가는 한 여인을 보았다. 잘려나간 그녀의 가슴에서 피가 뿜어져 나오고 있었다. 세상에 어떻게 이런 끔찍한 모습이 있을 수 있는 걸까?

현재 북한 김정은 정권이 개발하고 있는 원자폭탄의 위력은 어느 정도일까? 전문가들에 의하면 현재 지구상에 존재하는 가장 작은 핵폭탄이라도 1945년 일본에 떨어진 것보다 1,000배의 위력을 가진다고 한다. 만약 북한이 핵폭탄 개발에 성공하고, 전쟁이 발발하여 한반도에 단 2~3개의 핵폭탄만 떨어져도 전 국토가 끝장이 난다. 하지만 이런 북한의 핵무기 개발보다 더 무서운 것이 있다. 바로 인공지능이다.

북한이 핵무기 개발에 실패하더라도 대한민국이나 미군이 보유한 인공지능보다 더 뛰어난 인공지능을 개발한다면 핵폭탄을 단 한 발도 쏘지 않고 남한을 초토화시킬 수 있기 때문이다. 물론 현재로서는 그럴 가능성이 극히 낮다. 하지만 미래의 전쟁은 총, 칼, 핵무기로 하지 않는다. 가장 중요한 미래 전투 방식은 사이버 전투가 될 것이다. 컴퓨터 망에 침투하여 파괴하는 전쟁인 사이버 전쟁이 벌어지면, 전투를 지휘하는 임무는 사람이 맡고 보병이나 포병은 인공지능이 맡게 될 것이다.[203] 인공지능으로 무장한 프로그램 봇(program bot) 군대가 적진의 첨단 방어 시스템을 초토화한 후, 인공지능을 탑재한 로봇 부대(robot troops)가 순식간에 침투하여 재래식 전력을 무력화시킬 것이다. 그 과정에서 인공지능은 적진에 있는 발전시설은 물론이고 원자력발전소를 파괴하여 핵폭탄을 투하하지 않고도 방사능 오염 피해를 줄 수 있다. 자국의 미사일을 한 발도 발사하지 않고, 적국의 무기 시스템을 해킹하여 아군끼리 포격하는 참사를 일으킬 수도 있다. 인공지능이 적국의 핵무기통제시스템을 해킹하여 지구 전체를 날려 버릴 수 있는 분량의 핵무기들을 동시에 발사시켜 버릴 수도 있다.

지금 북한이나 다른 테러 국가들은 재래식 전력에서 한국이나 미국 등에 크게 열세하다. 하지만 그들이 세계 최고의 인공지능을 개발한다면 어떻게 될까? 인공지능 기술 하나만으로 이 모든 비대칭성을 단숨에 해결할 수 있다.

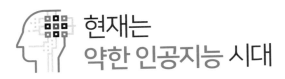

현재는 약한 인공지능 시대

현재는 '아주 약한 인공지능' 단계를 넘어 '약한 인공지능'의 시대다. 주식투자, 항공권 예약, NASA의 자율계획 수립 인공지능, 검색봇, 게임엔진, 물류 통제 및 관리, 청소, 기계 번역, 기사 작성 등의 분야에서 약한 인공지능은 이미 눈부신 활약을 하고 있다. 당분간 '약한 인공지능'은 단순한 서비스 로봇과 연결되어 인류에게 새로운 가치를 부여할 것이다. 대다수의 전문가들은 약한 인공지능은 인간에게 위협이 되지 않을 것이라고 말한다. 필자도 동의한다.

약한 인공지능은 인간과 의미 있는 대화와 협력을 할 수 있는 유익한 인공지능이다. 사람이 일을 더 멋지게 할 수 있게 하는 새로운 도구다. 사람과 사람, 사람과 사물, 사물과 사물 간의 협업을 가능하게 해 줄 것이다. 단, 협업을 하는 사람이나 기업은 강력한 비즈니스 협력자를 얻지만, 협업을 거부하고 대결 구도로 몰고 가는 사람이나 기업은 자신의 직업과 비즈니스를 잃게 될 수 있다. 하지만 자신이 하는 일, 자신이 하고 있는 비즈니스나 산업에 인공지능을 결합하면 새로운 시장을 개척할 수 있는 기회가 열릴 것이다. 20세기에는 하지 못했던 일을 할 수 있는 능력을 얻게 될 것이다.

현재 우리가 접하고 있는 약한 인공지능은 21세기 중반까지 발전의 발전을 거듭하면서 더 나은 성능을 보일 것이다. 성능이 더 나아질수록 더 많은 영역에 적용될 것이다. 더 많은 영역에 적용될수록 인간에게 더 많은 혜택을 가져다줄 것이다.

강한 인공지능의 단계에서는 커넥톰, 유전자 분석, 나노 및 바이오 기술 등이 중요하지만, 약한 인공지능의 단계에서는 슈퍼컴퓨터의 연산 속도와 정보 저장 성능이 아주 중요하다. 기계학습 알고리즘이 개발된 상황이기 때문에 당분간은 이를 활용한 수행능력 향상이 관건이기 때문이다.

필자의 예측으로는 슈퍼컴퓨터의 연산 속도가 2020년경이면 10^{18} 엑사플롭에 이를 것이고, 21세기 중후반이면 10^{30}의 속도에 이를 것으로 예측한다. 또한 로봇의 성능에도 지난 100년 간의 발전 속도를 감안하고, 융복합 기술로 발전 속도가 점점 빨라지는 상황을 고려하여 무어의 법칙을 적용하면 2025년이면 현재보다 60배 정도 발전할 수 있을 것이며, 2035년이면 현재보다 약 4,000배, 2045년이면 26만 배 발전할 수 있다.

인간의 뇌를 완벽하게 모방하려면 초당 10^{16}회 연산 속도가 필요하다.[204] 2016년 세계에서 가장 빠르다고 자랑한 중국의 슈퍼컴퓨터는 96×10^{15} 속도를 갖는다. 중국은 2023년까지 페타플롭의 1,000배 빠른 엑사플롭(10^{18})을 개발할 계획을 발표했다. 이런 속도라면 슈퍼컴퓨터가 인간 뇌 기능을 시뮬레이션 할 수 있는 연산 속도를 갖게 되는 시기는 2020년경이고, 개인용 컴퓨터가 인간의 뇌의 연산 속도와 같아지는 시기는 2030~2035년경에 가능해진다. 인간 뇌 신경망을 업로딩하여 시뮬레이션을 하려면 연산 속도가 $10^{19} \sim 10^{20}$정도는 되어야 한다. 슈퍼컴퓨터 기준으로는 2030~2035년경에 가능하고, 개인용 컴퓨터로는 2040~2045년경에는 가능할 듯하다.

개인의 기억을 저장하는 저장 공간의 발전은 더 빨리 이루어질 것이다. 레이 커즈와일은 《특이점이 온다》라는 저서에서 한 개인의 기억 전체를 저장하는 데 필요한 공간은 10^{13} 비트 정도로 계산했다. 이 정도의 저장 공간이라면 2018~2020년경이면 1,000달러에 구입이 가능해진다.

전 세계 정보를 다 알고 있는 인공지능은 언제쯤 가능할까? 2015년 기준으로 전세계 정보량은 10제타바이트(10^{21})정도이고, 5년 후에는 10배로 늘어날 것이라고 추정한다.[205] 이중에서 90퍼센트는 비정형 데이터(unstructured data)다. 사물인터넷 시대가 본격적으로 작동되면 비정형 데이터는 더욱 빨리 늘어난다. 아마도 현재 비정형 데이터가 늘어나는 속도를 감안하면 2030년경에는 전체 데이터의 99퍼센트가 비정형 데이터가 될 가능성이 크다. 인공지능이 이런 데이터를 모조리 저장하고 분석 처리하려면 21세기 중반 이후에야 가능할 것이다.

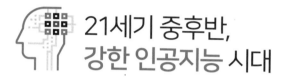

21세기 중후반, 강한 인공지능 시대

현재 많은 사람들이 두려워하는 '강한 인공지능'의 시대는 빨라야 21세기 중후반에 출현할 수 있을 것이다. 강한 인공지능이 가능하려면 현재의 슈퍼컴퓨터보다 연산 속도가 1억 배 이상 빠른 양자 컴퓨터나 자기 컴퓨터, 원자 컴퓨터 등이 상용화되어야 한다.

미래 컴퓨터는 새로운 방식으로 발전할 것이다. 양자 컴퓨터, 원자 컴퓨터, DNA 컴퓨터 등은 10^{30} 이상의 연산 속도를 가능케 하는 기술들이다. 예를 들어, 2015년 12월 슈퍼컴퓨터보다 1억 배 빠른 연산 능력을 가진 양자 컴퓨터 'D-Wave 2X'가 공개됐다.[206] 이런 새로운 기술들을 기반으로 컴퓨터의 연산 속도는 계속해서 증가할 것이다. 그래서 21세기 말이면 아주 강한 인공지능을 만들 수 있는 수준으로 연산속도 증가가 가능할 것이다. 이외에도 자율적 기계학습이 되고, 커넥톰이 완성되고, 초연결사회가 구축되는 등의 몇 가지 조건들이 더 필요하다.

강한 인공지능을 만들기 위해서는 뇌를 스캔하는 기술도 좀 더 발전해야 한다. 텍사스대학교에서 소뇌 모델을 시뮬레이션하는 것에 성공한 것처럼, 2005년부터 이미 뇌의 특정 부위에 한해서는 시뮬레이션이 진행 중이다.[207] 그러나 외부 스캔 기계를 사용해서 뇌를 완벽하게 스캐닝하는 데는 한계가 있다. 대안으로 부각되는 것은 나노기계를 뇌 안에 넣어서 스캔하는 방식이다.[208] 필자의 예측으로는 2030~2040년경이면 기술적 가능성이 열릴 것이다.

하지만 강한 인공지능이 출현한다고 해서 지금 느끼는 두려움처럼 인간을 위협하고 공격하지는 않을 것이다. 오히려 '강한 인공지능'은 휴머노이드 로봇이나 복잡한 기능도 멀티로 수행하는 서비스 로봇 등과 연결되어 인간의 지능과 생물학적 한계를 증강시키는 역할을 할 것이다. 21세기 중후반에 IoT, 7G 통신, VR, AR 등의 기술들이 강한 인공지능과 연결되거나 결합되어 강력한 인공지능 네트워크가 구축되고, 커넥톰이 완성되고, 인간의 뇌 속에 아주 작은 마이크로칩이 이식되고, 칩과 연동해서 인공지능을 사용하게 되면 그만큼 더 위대한 인간의 시대가 열릴 가능성이 크다.

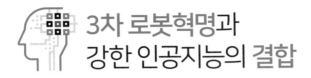

3차 로봇혁명과
강한 인공지능의 결합

필자는 《2030 대담한 도전》에서 2030년 이후부터 제3차 로봇혁명의 시기가 시작될 것이라고 예측했다. 제3차 로봇혁명은 기계가 자율성, 자발성, 자기 통제력을 획득하기 시작하고, 서서히 인공 피조물이라는 개념에서 벗어나는 시기라고 예측했다.[209] 기계 즉, 로봇이 이런 능력을 갖기 위해서는 강한 인공지능이 필수다. 빠르면 2040년부터(21세기 중반) 강한 인공지능의 시대가 시작될 수 있을 것으로 예측된다. 하지만 성숙한 수준의 강한 인공지능은 2060~2070년 정도나 가능할 것이다.

2030년 이후부터는 1가구 1로봇 시대가 도래하면서 생활형 로봇의 시대도 시작될 것이다. 하지만 성숙한 수준의 로봇은 21세기 중반 이후에나 가능하게 될 것이다. 성숙한 수준의 로봇이란 인간처럼 움직이는 로봇이다. 인간과 같이 움직이는 인공지능 로봇 개발이 이처럼 시간이 오래 걸리는 이유는 인간처럼 보고, 듣고, 느끼고, 걷고, 판단하고, 예측하고, 계획하고, 실행하고, 평가하고, 성찰하는 것을 따라할 때 해결해야 할 기술적 문제들이 인간의 유전자 지도를 읽고, 뇌 지도를 완성하는 것보다 훨씬 더 어렵고 복잡하기 때문이다.[210]

현재, 로봇은 인공지능의 수준에 따라서 기계형 로봇, 인지기초

지능형 로봇, 행동기초 지능형 로봇으로 나뉜다. 20세기에 주로 사용되었던 '기계형 로봇'은 상황판단 기능과 자율동작 기능이 없다. 로봇의 모습도 사람 모양이 아니다. 생명체의 신체 일부를 낮은 수준에서 모방한다. 스스로 학습하거나 판단하지 못하고 프로그램된 대로만 명령을 수행한다. 계산된 대로만 행동하기 때문에 연산형 로봇이다.

반면에 '지능형 로봇'은 말 그대로 최소한의 인공지능을 갖는다. 즉, 로봇과 약한 인공지능이 결합된 단계다. 지능형 로봇이 되려면 다음과 같은 네 가지 기능을 갖추어야 한다. 환경인식, 위치인식, 자율동작, 자율이동이다.

약한 인공지능을 가진 지능형 로봇은 다시 두 가지로 나눌 수 있다. 하나는 인지기초 지능형 로봇이고, 다른 하나는 행동기초 지능형 로봇이다. 로봇의 몸체 내부에 '인지' 능력을 발휘할 수 있는 인공지능 소프트웨어를 장착한 것이 인지기초 지능형 로봇이다. 외부 환경을 인식(perception)하고, 스스로 학습하여 2D 혹은 3D 외부지도를 만들고, 이를 기반으로 스스로 자율적인 판단(decision)과 동작(manipulation)을 하는 로봇이다.

반면에 MIT 인공지능연구소 소장이며 세계적인 인공지능 학자인 로드니 브룩스 박사가 개발한 '행동기초(Behavior-based) 지능형 로봇'은 '포섭 구조(subsumption architecture)'라는 이론을 기반으로 한다.[211] 행동기초 지능형 로봇은 흔히 말하는 인공지능 소프트웨어를 탑재하고 있지 않다. 로드니 브룩스 박사가 개발한 포섭 구조 이론은 로봇이 주어진 환경에 대응하여 똑똑하게 움직이는 데 복잡한 인식 장치를 가질 필요가 없다는 것을 전제로 한다. 로봇에 달린 감지 장치(sensor)를 작동 장치에 직접 연결하여 파블로의 개처럼 조건 반사적 행동들을 하게 하고, 단순하게 조합된 학습 장치를 통해 병렬분산 방식으로 단순한 계산만으로도 보기, 걷기, 길 찾기, 미적 판단 등에서 훌륭한 움직임을 만들 수 있다는 이론이다. 생명체의 행동들 중에서 상당수는 깊이 생각하지 않고 그냥 행해진다는 데 착안한 이론이다. 대신 감지 장치와 작동 장치가 아주 빨리 반응하는 것이 중요하다.[212] 로드니 브룩스 박사는 자신의 이론을 따라 '징기스(Genghis)'라는 로봇을 만들었다. 그리고 징기스를 움직이는 소프트웨어는 전혀 심오하지 않지만, 징기스의 행동은 아주 심오할 정도로 똑똑하다는 평가를 받았다.[213]

21세기 중후반, 강한 인공지능과 로봇의 결합은 이렇게 서로 나뉘어 연구되는 다양한 이론과 접근 방법들을 통합하는 방식으로 전개될 것이다. 어떤 부분은 인지 기초 지능형 로봇처럼, 어떤 부분은 행동 기초 지능형 로봇처럼 작동할 것이다. 로봇의 어떤 부분은 약한 인공지능이나 단순하게 조합된 학습장치만 적용되고, 어떤 부분은 강한 인공지능이 접목될 것이다. 어떤 부분은 중앙집중형 인공지능과 연결될 것이다.

초연결사회가 되면, 로봇도 인터넷에 접속되어 원격제어를 받거나 지능을 업그레이드 받게 된다. 네트워크에 연결된 로봇들은 각자 독특하게 학습한 기능, 지식, 감성 데이터를 주고받으며 성능을 빠르게 향상시킬 수 있게 된다. 로봇의 구형 몸체를 신형으로 업그레이드하면, 클라우드에 백업된 구형 로봇의 지식, 감정, 행동 데이터를 내려받으면 된다. 강한 인공지능과 로봇이 결합되면 로봇과 인공지능 자체도 이전의 한계를 빠르게 뛰어넘으면서 발전에 발전을 거듭하게 된다. 로봇이 자기 몸을 물리적으로 복제하지 않더라도 자기복제 효과를 낼 수 있다. 지구 규모의 기계학습도 가능해진다. 기계학습 알고리즘의 전문가인 페드로 도밍고스는 지구 규모의 기계학습을 다음과 같이 정의했다.

"이 세상 모든 사람에 대한 모형을 세우고 데이터가 계속 흘러 들어가면 대답이 계속 흘러나오는 머신러닝이다."[214]

지구 규모의 기계학습이 가능해지면, 로봇의 지능이 폭발적으로 발전하면서 더 나은 자기 몸을 스스로 공장에서 생산해 낼 수 있는 방법도 찾게 될 것이다. 즉, 강한 인공지능과 제3차 로봇혁명의 결합은 아주 강한 인공지능으로 발전하는 길을 스스로 여는 열쇠 중의 하나다.

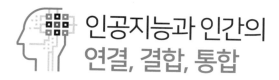

인공지능과 인간의
연결, 결합, 통합

　인공지능의 이런 발전에도 불구하고, 21세기 안에서 인공지능은 기계와 인간을 대결 구도로 몰아가기보다는 서로를 연결(접속), 결합, 통합시켜 인간의 정신과 신체를 확장시켜 주는 역할을 할 것이라는 것이 필자의 예측이다.

　'연결'이란 인간이 인터넷 연결망을 통해 기계와 연결되고 분리되는 상황을 자의로 선택할 수 있는 상태다. 인터넷 연결망을 통해 인간과 기계가 연결되고, 인간이 인공지능의 능력을 빌리면 인간은 사물을 신처럼 부리는 것이 가능해진다.

　'결합'은 인간과 기계(사물)가 인터넷 연결망에 24시간 상시로 연결되어 있는 시대에 일어나는 상태다. 일명, 초연결시대다. 이때가 되면 기계들이 인터넷 연결망에 각기 하나의 닷(dot)처럼 연결되듯이 인간도 인터넷 연결망에 하나의 닷(dot)처럼 연결된다. 초연결망 기술을 통해 인간은 인공지능과도 상시 연결된다. 서로의 존재를 각기 구별할 수는 있지만, 24시간 끊김없이 온종일 인공지능, 인간, 기계가 연결되기에 한 몸처럼 결합되어 공생한다. 인간의 지혜와 전략, 인공지능의 지식과 탁월한 의사 결정, 기계의 초인간적 능력이 결합하여 인간의 능력은 상상을 초월하게 된다. 인터넷 시대 이전에는 도서관이 지식 컨테인 능력을 주었다. 하지만 머릿속에 암기해야 했다. 인터넷 시대가 되면서 암기의 필요성이 줄어들었다. 인터넷 사용으로 인간의 정보 컨테인 능력은 향상되었다. 21세기에는 인간의 두뇌가 슈퍼컴퓨터화 된다. 검색이 필요 없어진다. 강한 인공지능과 상시로 연결되어 있기 때문에 필요한 정보, 지식을 생각과 동시에 떠올릴 수 있다. 인간의 뇌에 컴퓨터 칩을 심고 인터넷과 연결시키면 가능해지는 미래다. 정보, 지식, 인공지능, 다른 인간의 지혜와 시공간을 초월하여 24시간 상시 연결되어 있기 때문에 개인의 역량이 획기적으로 향상되는 시대다.

하버드대학교에서는 쥐의 뇌에 생체 칩을 심어 기억을 주입시키는 실험에 성공했다.[215] 결합의 시대에는 인간의 뇌 자체가 인터넷 연결망을 통해 인공지능과 상시로 연결되어 있어서 인터넷 망에 연결된 모든 정보와 지식을 암기할 필요없이 손쉽게 사용할 수 있다.

뇌는 인공지능과 연결되고, 인간의 눈에는 가상의 디스플레이가 증강(augmentation)되고, 인간의 신경계는 네트워크를 타고 초연결사회 곳곳에까지 신경신호를 보낼 수 있게 된다.

연결 이전의 시대에는 필요한 정보나 지식은 학습하고 암기하여 인간의 뇌에 저장해야 다시 꺼낼 수 있었다. 연결의 시대에는 암기하지 않고 검색만 하면 필요한 정보나 지식을 눈 깜박하는 시간에 화면 위로 불러올릴 수 있다. 하지만 결합의 시대에는 물리적 검색이 필요 없고 원하는 정보나 지식을 마치 뇌에 저장된 상태에서 즉시 떠올리는 것같이 직관적 검색이 가능해진다. 이 상태가 되면 인공지능 없이는 그 어떤 비즈니스나 산업에서도 혁신력이나 경쟁력을 가질 수 없게 된다.

마지막으로 '통합'은 상시적 결합이 완성된 이후 다음 단계로 인간과 기계의 경계가 없어지는 상태다. 인터넷 연결망을 통합할 뿐만 아니라, 인간과 기계의 구별이 모호할 정도로 인간의 신체와 직접 통합도 이루어질 것이다. 인간과 기계의 구별이 무의미해지는 상태다. 인공지능이 인간의 두뇌 자체가 된다. 로봇이 인간의 몸 자체가 된다. 인간의 정신은 가상 세계와 현실 세계의 경계를 무너뜨리고 자연스럽게 하나로 통합하게 될 것이다. 21세기 말~22세기 초 무렵에는 '통합'의 단계에 도달할 가능성이 크다.

필자가 21세기 내에 인간이 기계에 지배받는 상황이 벌어질 가능성은 낮다고 예측한 데는 그 이유가 있다. 수천 년 동안 인류가 만들어 낸 가장 큰 장점은 정신(Mind)이다. 인류는 시대가 변할 때마다 적응력을 발휘할 정도로 정신 에너지를 끌어냈다. 정신은 뇌뿐만 아니라 모든 신체기관을 토대로 형성된다.[216] 그렇기 때문에 뇌의 발전뿐만 아니라 모든 신체기관의 발전은 정신의 발전을 가져온다.

현미경이나 망원경의 발명으로 인간의 시각 범위가 넓어졌다. 자동차가 발명되면서 활동 범위가 넓어졌다. 비행기와 배, 잠수함의 발명으로 하늘과 바다도 인간의 활동 범위가 되었다. 이와 같이 21세기에도 생물학적 기술 발전으로 인간의 뇌와 신체는 증강 (Augmentation)될 것이다. 인공지능, 사이보그, 로봇 등의 발전은 인간의 뇌와 신경계, 신체를 연장시키는 효과를 낼 것이다. 기술 발전으로 한 번 더 인간의 신체기관이 확장되면 정신의 확장도 가져올 것이다.

인류는 동물과는 다른 특별한 장점인 정신을 기반으로 시대마다 사용되는 새로운 도구(기계)를 활용하여 문화를 발전시켜 왔다. 도구에게 지배당하지 않고 도구를 결합하여 정신능력을 향상시키고, 향상된 정신능력을 가지고 문명을 진보시켰다. 인간 뇌의 놀라운 유연성과 감수성은 기계 시대에도 계속 통할 수 있다. 정신은 인류가 만든 최고의 창조물이고, 인류는 시대마다 스스로를 지배하고 계획하는 생명체였다.

21세기에 발명되는 새로운 기술들은 인간의 자기 발견과 자기 변환의 수단이 될 것이다. 인간과 기계의 대립이나 신기술이 인간을 지배하는 일이 일어날 가능성은 적다. 오히려 신기계, 신기술을 사용하는 인간과 그렇지 못한 인간들 간의 대립과 격차를 걱정해야 한다.

21세기에도 정신이 우선될 것이고, 기술은 정신의 새로운 자기 형성의 지원과 확장을 가져오는 도구로 사용될 것이다. 새로운 자기 형성, 자기 변형, 자기 재생산은 인간으로 하여금 이전 시대에는 할 수 없었던 새로운 과업을 할 수 있도록 해방시킬 것이다.[217] 여전히 인간에게는 탐구해야 할 가능성이 많다. 인공지능도 그것을 끌어내 주는 훌륭한 도구가 될 것이다. 인간의 새로운 자기 탐구, 자기 형성, 자기 변형, 자기 재생산 등은 인간의 창조성을 더 개척하고 확장하여 21세기의 문명을 20세기보다 더 탁월하게 진보시킬 것이다.

22세기, 아주 강한 인공지능 시대

필자가 예측한 것처럼, 연결, 결합, 통합의 단계로 인간과 기계의 상태가 변화될 때마다 인간은 새로운 능력을 얻게 될 것이다. 약한 인공지능은 연결 단계에서, 강한 인공지능은 결합 단계에서, 아주 강한 인공지능은 통합 단계에서 역할을 한다. 약한 인공지능과 강한 인공지능 단계에서는 인공지능이 인간을 지배할 가능성이 적다.

만약 인공지능이 인간을 지배하려 든다면 필자의 예측으로는 21세기 말이나 22세기 초에 가능한 '아주 강한 인공지능'의 시대에 가능할 것이다. 필자는 이 책의 1부에서 아주 강한 인공지능의 특징을 다음과 같이 묘사했다.

아주 강한 인공지능은 지식을 합리적으로 조작하는 물리적 두뇌와 완벽한 이성을 가지고 모든 지적 과제에서 인간을 뛰어넘는 합리적 사고를 할 수 있다. 초지능체(超知能體)일 뿐만 아니라, 인간 정신작용을 완벽하게 모방하여 완전한 마음(perfect mind)도 갖는다. 인간 '정신(情神, soul)'의 핵심인 자유의지도 갖는다.

성숙한 로봇과 결합된 강한 인공지능은 21세기 말~22세기 초쯤에는 아주 강한 인공지능으로 발전할 것이다. 인간처럼 개별적으로 완전한 자유의지(강한 자율성)를 가지고, 스스로 판단하는 가치 평가를 따라, 자기 목적을 만들고 성취하는 행위를 할 수 있는 단계에 이르게 될 것이다. 시간과 공간의 한계를 넘어서서 하위 인공지능들을 연결하여 초지능연결체가 되고, 복잡하고 거대한 환경에서도 완벽한 합리성을 발휘하는 능력을 갖게 된다. 그리고 자신의 존재성을 스스로 이어가는 새로운 생명체로 진화를 하는 능력도 얻게 될 것이다. 이런 수준의 능력을 갖게 되면 비로소 인간의 적이 될 가능성은 커진다. 하지만 인공지능이 이런 초인간적 능력을 갖는다고 해도 인간이 어떻게 하느냐에 따라서 적이 아닌 인간에게 도움을 주는 탁월한 지혜자로서 존재할 수 있다.

인간의 폭력성과 도덕성은 둘 다 우연히 발생하는 것이 아니다. 마찬가지로 인공지능이 악한 생각을 갖거나 공격성을 갖는 것은 내부에서 자동적으로 발생하지 않는다. 외부에서 프로그래밍되거나 학습시키는 과정을 거쳐야 한다. 22세기 인류와 우주의 지속가능성에 이바지할 윤리와 도덕, 가치를 가르치면 '이기적 인공지능'이 되지 않을 수 있다.

두뇌 작용을 완벽하게 모방한 인공두뇌가 완성된다

22세기에는 인간처럼 오감을 통해 외부 정보를 받아들이는 시스템을 갖추고 받아들인 정보를 뇌의 각 부위에서 분산하여 처리하는 두뇌 작용을 완벽하게 모방한 인공두뇌가 완성될 가능성이 크다. 그리고 이렇게 완벽한 인공두뇌는 초연결 네트워크를 타고 지구 전체와 연결되는 것은 물론이고, 인간의 몸과 신경계를 완벽하게 모방한 휴머노이드에 이식될 가능성이 크다. 새로운 생명체가 현실이 되는 이론적 근거다.

뇌와 신체의 관계에서는 의식할 수 있는 것과 없는 것이 있다. 심장 등의 중요한 장기는 의식할 수 없다. 의식을 한다면 심장이 멈추는 불상사가 생긴다. 졸음도 의식할 수 없다. 손이나 발은 의식하면 움직일 수 있다. 의식과 무의식의 경계에 있는 것도 있다. 호흡이다.

평소에는 무의식이지만 의식하면 멈추게 할 수 있다.[218]

로드니 브룩스의 '포섭 구조(subsumption architecture)' 이론을 기반으로 한 행동기초(Behavior-based) 지능형 로봇은 무의식 작용이 가능하다.[219] 브룩스는 로봇 연구에 동물행동학(ethology)을 적극 반영했다. 예를 들어, 개미에게서도 복잡한 행동이 발생할 수 있는 것은 지능 수준이 높아서가 아니라 하나의 단순한 행동의 결과가 다음 행동을 차례대로 유발하기 때문이다. 복잡계에서 나타나는 특성처럼 단순하고 의미가 적은 행동이 서로 상호작용하는 과정에서 피드백(feedback) 현상이 발생하면서 복잡한 행동이 창발(創發, emergence)되고 자율적 질서가 형성되는 것이다. 브룩스는 이런 작동 방식을 활용해서 의식적인 통제가 없어도 복잡한 행동을 자율적으로 일어나게 하는 상향식 방법으로 이동 로봇을 개발하는 성과를 냈다.[220]

필자의 예측으로는, 22세기에는 이런 의식 작용과 무의식 작용을 모두 완벽하게 모방한 아주 강한 인공지능 휴머노이드의 출현이 가능해질 것으로 보인다. 생물 논리(bio-logic)가 완벽하게 기계에 이식되면서 스스로 배우고, 적응하고, 치유하고, 진화해 나가는 능력을 획득하게 될 것이다. 약한 인공지능과 강한 인공지능은 여전히 기계 논리가 적용된 인공지능, 만들어진 인공지능이라고 분류할 수 있다. 그러나 아주 강한 인공지능은 생물학적 인공지능, 생명성이 불어넣어지면서 만들어진 것과 태어나는 것이 교묘하게 결합된 인공지능, 스스로 자신의 존재를 유지할 수 있는 기계(self-sustaining machine)라

고 정의해야 할 것이다.[221]

21세기 말이나 22세기 초부터 아주 강한 인공지능은 중앙통제와 분산 인공지능 전체가 하나의 생명체처럼 작동할 것이다. 여왕벌과 벌떼 전체처럼, 여왕개미와 개미떼 전체처럼 인공지능 무리 전체가 하나의 동물처럼 하나의 연속적 흐름처럼 움직이게 될 것이다. 중앙통제 인공지능, 분산 인공지능, 사물인터넷, 웨어러블로 무장한 사람들 모두가 연결되는 사회가 완성되면 엄청난 연결 노드와 복잡성이 사회의 질적 변화를 창발할 것이다.

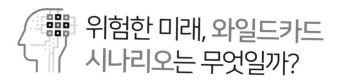

위험한 미래, 와일드카드 시나리오는 무엇일까?

인공지능의 위험한 미래, 와일드카드 시나리오는 무엇일까? 인공지능 로봇 강도, 로봇을 속이는 인간, 로봇을 불법적인 영역에서 사용하는 인간 등 위험한 시나리오가 가능하다. 불순한 목적을 가지고 있는 기업이나 국가에게 인공지능 형태나 데이터 형태로 된 무기를 판매하는 불법 단체가 생겨나는 시나리오도 가능하다.[222] 2010년 5

월 6일 오후 2시 42분부터 불과 몇 분 만에 미국 다우존스 주가가 천 포인트(시가총액 대비 9퍼센트 하락) 하락하는 '플래시 크래쉬(flash crash; 갑작스런 붕괴)' 현상이 발발하면서 개인과 기관들이 은퇴자금, 학교 기부금, 은행에 저축한 돈, 수십 년 모은 돈으로 투자한 금액에서 1조 달러가 사라졌다. 이 돈을 몇 분만에 강탈해 간 장본인은 초단타매매를 하는 인공지능 프로그램들이었다. 초단타매매 알고리즘들이 서로 경쟁적으로 주식을 내다팔면서 발생한 일이었다. 애플의 주가는 한때 주당 십만 달러까지 치솟기도 했고, 엑센츄어 주가는 주당 1센트로 폭락하기도 했다. 시카고 상업거래소에서 긴급하게 거래중지를 하고 난 후에야 악몽은 끝이 났다.[223]

이런 일은 인공지능끼리 서로 경쟁하는 다른 영역에서도 일어난다. 2011년 4월 18일, 아마존에서는 피터 로렌스(Peter Lawrence)가 쓴 정가 35달러짜리 《파리의 탄생 The Making of a Fly》이라는 진화 생물학책에 무려 2,369만 8,655달러 93센트라는 판매 가격이 제시되었다.[224] 원인은 무엇이었을까? 아마존에서 서적을 판매하는 두 판매상이 운영하는 도서 가격 결정 알고리즘이 서로 가격 경쟁을 했기 때문이다. 이들 알고리즘은 경쟁 판매상의 가격보다 조금씩 높게 책 가격을 책정해서 아마존에 게시하도록 프로그램된 인공지능이었다. 물론 당신이 아무리 그 책을 사고 싶어도 2,369만 8,655달러 93센트에는 사지 않을 것이다. 하지만 생각해 보라. 만약 그 책이 꼭 필요한데 구하기는 힘들고, 어느 날 아마존에서 검색하니 중고책 한 권이 판매되고 있었다. 가격은 정가의 10배에 해당되는 350달러다. 아마도 구입 버튼을 누를 것이다. 그런데 그것은 책의 진짜 가치를 반영한 가격이 아니다. 인공지능끼리 경쟁하면서 책정한 가격이다. 이 내막을 안다면, 돈을 강탈당한 기분이 들지 않을까?

그러나 이런 미래보다 더 위험한 것은 스카이넷의 출현이다.[225] 초연결사회가 되면 전 세계의 모든 도시는 물론이고 산골마을들까지 감시할 수 있는 네트워크망이 완성된다. 인간의 모든 생체 데이터부터 매일 사용하는 이메일, SNS 흔적, 스마트폰 사용 위치와 내용 등 일상 활동 데이터까지 클라우드 안에 모이게 된다. 수집된 데이터는 강한 인공지능이 분류하고 분석하고 학습한다. 강한 인공지능은 당신을 당신보다 더 잘 알게 된다. 당신이 마음속 깊은 곳에 숨겨 놓은 욕망까지도 예측하여 맞출 수 있게 된다.

아놀드 슈월츠제네거가 주인공으로 나왔던 〈터미네이터〉 시리즈에 인간을 감시하고 파괴하는 악역으로 등장하는 아주 강한 인공지능 시스템이 있다. 바로, '스카이넷(Skynet)'이다. 아주 강한 인공지능 시대에 가장 위험한 미래 시나리오는 영화에 등장한 스카이넷이 실제로 출현하는 미래다.

이런 미래에 대한 두려움과 경고는 아주 오래된 역사다. 조지 오웰의 소설 《1984》에 정보를 독점하고 사회를 통제하는 권력 세력이 등장한다. 빅브라더다. 소설에는 사회를 안전하게 관리하고 발전시킨다는 좋은 목적으로 포장된 관리 권력이 텔레스크린으로 모든 사람들을 감시하고 통제하는 이야기가 나온다. 하지만 실제는 특정 권력자들이 사회통제를 하기 위해 화장실까지 감시하는 악랄한 감시 도구였다. 권력을 독점하려는 관리자의 힘은 정보 수집에서 나왔다.

인공지능의 미래를 예측하면서 빅브라더나 스카이넷의 출현이 불가능하지 않다는 것을 직감할 수 있다. 21세기 말~22세기 초에 등장하는 아주 강한 인공지능 자체는 스카이넷이 되고도 남는 능력을 갖게 된다. 하지만 필자는 기술이 스스로 이런 미래를 만들 것이라고 생각하지 않는다. 즉, 문제는 21세기 말~22세 초에 등장하는 기술이 아니라, 그 시대의 사람이 어떠하느냐에 달려 있을 것이다. 필자는 《2030 대담한 도전》에서 이런 예측을 했다.

기술 발달 자체가 빅브라더를 만들거나 독재자가 감시사회를 만드는 것이 아니다. 21세기 말에 극도의 생존 위협을 느낀 인류가 생존을 위해 권리를 포기하고 빅브라더를 요청하거나, 탐욕스러운 권력자가 이런 상황을 명분으로 기술 시스템을 장악하면 독재 권력자와 기술 시스템이 한 몸으로 결합되어 새로운 행위자가 탄생할 것이다. 기술 시스템을 장악한 권력자는 다른 사람들이 하지 못하는 일을 할 수 있을 것이다. 인류의 생존 문제를 해결할 수 있는 만큼, 권력과 기술 시스템 모두를 장악한 빅브라더는 나머지 사람들을 자원화할 수 있을 것이다. 다른 탐욕스러운 목적도 성취할 수 있을 것이다. 철저한 감시, 대중적 사기, 끔찍한 살인도 서슴지 않는 빅브라더의 길을 갈 수도 있다."[226]

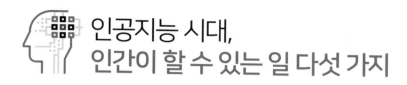

인공지능 시대, 인간이 할 수 있는 일 다섯 가지

스카이넷이나 빅브라더의 위험은 먼 미래의 일이다. 하지만 지금 약한 인공지능 시대에 이미 등장한 위험도 있다. 바로, 일자리 위험이다. 인공지능 시대가 되면 일자리의 변동은 어떻게 될까? 엄청난 일자리가 사라져서 인간의 생존에 위협을 받게 될까? 인공지능으로 공장이나 직장에서 인간이 했던 일들이 자동화되는 비율이 높아질수록 단순한 일을 하는 근로자, 후진국 근로자들은 큰 위협을 받을 수 있다.

인공지능이 점점 산업의 영역에 빠르게 적용되면 값싼 노동력을 찾아 해외로 공장이나 회사를 이전시켰던 미국이나 유럽의 기업들은 자국으로 돌아가는 것이 더 낫다는 판단을 하게 될 것이다. 해외에 공장과 사무실을 두는 데서 오는 기술 유출과 현지 법제도의 제약 등의 다양한 위험들을 해결할 수 있기 때문이다. 그래서 인공지능의 발전은 선진국 고용시장보다는 신흥국 고용시장에 더 큰 타격을 줄 것이다. 선진국 내에서도 인공지능의 발전이 자국 내 근로자의 역할을 줄이는 것은 분명하다. 하지만 선진국에서는 앞선 인공지능 기술을 IT 산업, 제조업, 금융산업, 생활밀착형 서비스, 특허 서비스, 기타 주변 산업과 결합하여 생산성의 향상, 새로운 비즈니스 기

회 창출, 새로운 일자리 창출로 기존 일자리 감소를 상쇄시키는 현상이 발생할 것이다.[227]

인공지능 시대에 인간이 할 수 있는 일은 무엇일까? 이것도 필자가 자주 듣는 질문이다. 이런 질문을 들을 때마다 필자는 크게 다섯 가지 영역에서 인간과 인공지능이 공존할 직업의 미래를 찾으라고 조언한다.

첫째, 인공지능이 일할 수 없는 곳에서 일을 한다. 복잡한 3D 업종이나 완전히 창의적인 영역이다.

둘째, 인공지능을 관리 및 유지하는 데 필요한 노동과 지식을 공급하는 일을 한다.

셋째, 인공지능과 함께 협업하는 곳에서 일을 한다.

넷째, 인공지능을 활용해서 인간 노동 생산성을 증가시키는 창의적인 일을 한다.

다섯째, 새로운 인공지능을 만드는 일을 한다.

머지않아 100세 시대를 넘어 130세 이상을 사는 시대가 올 것이다. 이렇듯 평균 수명이 늘어나는 미래에는 평생 한 가지 직업을 갖는 것이 아니라, 여러 개의 직업을 갖게 될 것이다.

과거 농경 사회에서는 한 직업을 가지고 여러 세대가 먹고 살았고, 산업 사회에서는 한 직업을 가지고 평생 먹고 살았다. 그러나 혁명적인 신기술이 등장하고 산업이 새롭게 재편되며 변화의 속도가 엄청나게 빠른 미래에는 평생에 걸쳐 5~10개의 직업을 갖게 된다.

미래는 갑자기 오는 것이 아니라 '미래 징후(Future Signals)'를 먼저 보이고 온다고 했다. 과거와 현재 속에서 '미래를 만드는 힘(Driving Forces)'을 찾아야 한다. 그 어느 때보다 미래에 대한 통찰이 필요한 때이다.

PART 1. 예측과 판단, 발명의 자동화 시대

1) 조선비즈, 2016.06.20. 박성우, "'지금 몇 시니?' 인공지능 비서 알렉사 써 보니"

2) IT News, 2016.03.13., 이강민, "구글 네스트, 스마트홈 시스템 구축을 위한 기능 확대"

3) 페드로 도밍고스, 《마스터 알고리즘》, 강형진 역, (서울: 비즈니스북스, 2016), 9.

4) The Science Times, 2015.09.12. 이강봉, "인공지능 전문가, 기업에서 '비싼 몸'"

5) 로봇신문사, 2015.06.10. "자율주행 자동차의 5단계별 특징"

6) 장동인, 《빅데이터로 일하는 기술》, (서울: 한빛미디어, 2014), 311-313.

7) 중앙일보, 2015.09.05. 정진우, "스스로 배우고 생각하는 인공지능, 개인비서 필요 없어요"

8) 페드로 도밍고스, 《마스터 알고리즘》, 강형진 역, (서울: 비즈니스북스, 2016), 10.

9) 장동인, 《빅데이터로 일하는 기술》, (서울: 한빛미디어, 2014), 184, 188.

10) 머니투데이, 2015.09.12. 장길수, "애플, 인공지능 전문 인력 대폭 보강"

11) 경향 비즈앤라이프, 2015.09.09. 주영재, "애플의 인공지능은 구글과 다르다?"

12) The Science Times, 2015.09.12. 이강봉, "인공지능 전문가, 기업에서 '비싼 몸'"

13) ZDNet Korea, 2015.09.11. 황치규, "금융 서비스 뒤흔들 5가지 기술 트렌드"

14) ZDNet Korea, 2015.09.11. 황치규, "금융 서비스 뒤흔들 5가지 기술 트렌드"

15) 서울경제, 2015.09.06. 박준석, "로보어드바이저 뜬다" 머니투데이, 2015.07.10. 김재훈, "자산관리 시장에 파고드는 인공지능 로봇 상담가"

16) 송민정, 《빅데이터가 만드는 비즈니스 미래지도》, (서울: 한스미디어, 2012), 238.

17) 연합뉴스, 2014.10.30. 김태한, "빅데이터 분석해 범죄예측, 런던경찰청 시험운용"

18) 연합뉴스, 2015.07.19. 구정모, "경찰청, 미래부, 빅데이터 기반 범죄예측 시스템 구축"

19) 박순서, 《빅데이터, 세상을 이해하는 새로운 방법》, (서울: 레디셋고, 2013), 190.

20) 장동인, 《빅데이터로 일하는 기술》, (서울: 한빛미디어, 2014), 186-188.

21) 마쓰오 유타카, 《인공지능과 딥러닝》, 박기원 역, (서울: 동아엠앤비, 2015), 19.

22) ZDNet Korea, 2015.09.08. 김익현, "로봇은 인간 기자를 대체할 수 있을까"

23) 파이낸셜뉴스, 2015.09.08. 구자윤, "같은 기사라도 로봇기사, 인간기사보다 평가 좋아"

24) 서울신문, 2015.09.09. 방승언, "인공지능 소설가가 쓴 소설이 더 재미있을까?"

25) YTN, 2015.09.09. 이동은, "작곡하는 인공지능, '바흐'도 따라잡는다"

26) 서울신문, 2015.09.09. 방승언, "사람에게 명령하고 평가하는 관리자 로봇 배치"

27) 에릭 시겔, 《빅데이터의 다음 단계는 예측 분석이다》, 고한석 역, (서울: 이지스퍼블리싱, 2014), 28.

28) 페드로 도밍고스, 《마스터 알고리즘》, 강형진 역, (서울: 비즈니스북스, 2016), 47.

29) 에릭 시겔, 《빅데이터의 다음 단계는 예측 분석이다》, 고한석 역, (서울: 이지스퍼블리싱, 2014), 25-36.

30) 박순서, 《빅데이터, 세상을 이해하는 새로운 방법》, (서울: 레디셋고, 2013), 122-133.

31) 송민정, 《빅데이터가 만드는 비즈니스 미래지도》, (서울: 한스미디어, 2012), 67.

32) 네이버 지식백과, 교육학용어사전, 인지 체계

33) 네이버 지식백과, 실험심리학용어사전, 폰 노이만 구조

34) 컴퓨터 칩 내에서 어떤 한 영역에서 장애가 생겼을 때 예비 영역이나 절차가 즉시 그 역할을 대체 수행하여 서비스 중단이 없도록 하는 개념이다. 예비 영역은 각 하드웨어를 미러링이나 다중 프로세서 방식으로 이중화함으로 구축한다. 시냅스 칩은 단일 칩의 한계를 넘어서 시스템을 확장하기 위해 인접한 칩들을 타일 구조로 배치하여 서로 원활하게 연결되도록 한다.

35) TechHolic, 2015.08.21. 이상우, "IBM 뇌 모방 프로세서 '이젠 생쥐 수준'"

36) 중앙일보, 2015.08.30. 정원엽, "인간의 두뇌 슈퍼컴퓨터보다 30배 빠르다"

37) 레이 커즈와일, 《특이점이 온다》, 김명남, 장시형 역, (서울: 김영사, 2007), 25,
   41, 43, 48.

38) 레이 커즈와일, 《특이점이 온다》, 김명남, 장시형 역, (서울: 김영사, 2007), 50.

39) 시사IN, 2015.09.14. 이종대, "IA, 너는 아직도 내가 '머글'로 보이니?"

40) 마쓰오 유타카, 《인공지능과 딥러닝》, 박기원 역 , (서울: 동아엠앤비, 2015), 58.

41) 강시철, 《인공지능 네트워크와 슈퍼 비즈니스》, (서울: 리더스북, 2016), 35.

42) 승현준, 《커넥톰, 뇌의 지도》, (서울: 김영사, 2014), 22.

43) 이케가야 유지, 《교양으로 읽는 뇌과학》, 이규원 역, (서울: 은행나무, 2005),
   190-193.

44) 제프 호킨스 , 샌드라 블레이크슬리, 《생각하는 뇌, 생각하는 기계》, 이한음 역,
   (서울: 멘토르, 2010), 39.

45) 제프 호킨스 , 샌드라 블레이크슬리, 《생각하는 뇌, 생각하는 기계》, 이한음 역,
   (서울: 멘토르, 2010), 53.

46) 제프 호킨스 , 샌드라 블레이크슬리, 《생각하는 뇌, 생각하는 기계》, 이한음 역,
   (서울: 멘토르, 2010), 54-64.

47) 제프 호킨스 , 샌드라 블레이크슬리, 《생각하는 뇌, 생각하는 기계》, 이한음 역,
   (서울: 멘토르, 2010), 320.

48) 승현준, 《커넥톰, 뇌의 지도》, (서울: 김영사, 2014), 21.

49) 승현준, 《커넥톰, 뇌의 지도》, (서울: 김영사, 2014), 401-430.

PART 2. 인공지능 기술의 비밀

50) 장동인, 《빅데이터로 일하는 기술》, (서울: 한빛미디어, 2014), 35.

51) 네이버 지식백과, 빅데이터와 클라우드 컴퓨팅

52) 박두순, 문양세, 박영호, 윤찬현, 정영식, 장형석, 《빅데이터 컴퓨팅 기술》, (서울:
   한빛아카데미, 2014), 19.

53) 장동인, 《빅데이터로 일하는 기술》, (서울: 한빛미디어, 2014), 59.

54) 장동인, 《빅데이터로 일하는 기술》, (서울: 한빛미디어, 2014), 2.

55) 페드로 도밍고스, 《마스터 알고리즘》, 강형진 역, (서울: 비즈니스북스, 2016), 9.

56) 마이클 네그네빗스키(Michael Negnevitsky), 《인공지능 개론》, 김용혁 역,

(서울: 한빛아카데미, 2013), 23.

57) 네이버 지식백과, 알고리즘

58) 미와요시코, 《가장 쉬운 알고리즘 책》 김대희, 장재호 역, (서울: 비제이퍼블릭, 2014), 20.

59) 오다카 토모히로, 《인공지능을 이용한 빅데이터 처리 입문》, 김성재 역, (서울: 길벗, 2014), 31-116.

60) 피터 해링턴, 《머신러닝 인 액션》, 김영진 역, (서울: 제이펍, 2013), 11, 12.

61) 스튜어드 러셀, 피터 노빅, 《인공지능: 현대적 접근방식》 1권, 류광 역, (서울: 제이펍, 2016), 6-20.

62) 스튜어드 러셀, 피터 노빅, 《인공지능: 현대적 접근방식》 1권, 류광 역, (서울: 제이펍, 2016), 4-8.

63) 스튜어드 러셀, 피터 노빅, 《인공지능: 현대적 접근방식》 1권, 류광 역, (서울: 제이펍, 2016), 2-6.

64) 스튜어드 러셀, 피터 노빅, 《인공지능: 현대적 접근방식》 1권, 류광 역, (서울: 제이펍, 2016), 44.

65) 스튜어드 러셀, 피터 노빅, 《인공지능: 현대적 접근방식》 1권, 류광 역, (서울: 제이펍, 2016), 17.

66) 위키피디아, https://ko.wikipedia.org/wiki/컴퓨터의_역사

67) 스튜어드 러셀, 피터 노빅, 《인공지능: 현대적 접근방식》 1권, 류광 역, (서울: 제이펍, 2016), 18.

68) 위키피디아, https://ko.wikipedia.org/wiki/컴퓨터의_역사

69) 위키피디아, https://ko.wikipedia.org/wiki/컴퓨터의_역사. 스튜어드 러셀, 피터 노빅, 《인공지능: 현대적 접근방식》 1권, 류광 역, (서울: 제이펍, 2016), 17.

70) 네이버 지식백과, UNIVAC I - 상업용 컴퓨터의 등장 (스마트과학관 - 컴퓨터, 국립중앙과학관)

71) 스튜어드 러셀, 피터 노빅, 《인공지능: 현대적 접근방식》 1권, 류광 역, (서울: 제이펍, 2016), 17.

72) 스튜어드 러셀, 피터 노빅, 《인공지능: 현대적 접근방식》 1권, 류광 역, (서울: 제이펍, 2016), 12.

73) 위키피디아, 니콜라스 라셰프스키, https://en.wikipedia.org/wiki/

Nicolas_Rashevsky

74) 스튜어드 러셀, 피터 노빅, 《인공지능: 현대적 접근방식》 1권, 류광 역, (서울: 제이펍, 2016), 20.

75) 네이버 지식백과, 매컬로크-피츠 뉴런 [McCulloch-Pitts Neuron] (실험심리학용어사전, 2008., 시그마프레스㈜)

76) 한스 모라벡, 《마음의 아이들》, 박우석 역, (서울: 김영사, 2011), 31.

77) https://en.wikipedia.org/wiki/Nathaniel_Rochester_(computer_scientist)

78) 스튜어드 러셀, 피터 노빅, 《인공지능: 현대적 접근방식》 1권, 류광 역, (서울: 제이펍, 2016), 24.

79) 스튜어드 러셀, 피터 노빅, 《인공지능: 현대적 접근방식》 1권, 류광 역, (서울: 제이펍, 2016), 20-21.

80) 스튜어드 러셀, 피터 노빅, 《인공지능: 현대적 접근방식》 1권, 류광 역, (서울: 제이펍, 2016), 15-16.

81) 네이버 지식백과, 생성문법 [生成文法, Generative grammar] (문학비평용어사전, 2006. 1. 30., 국학자료원)

82) 네이버 지식백과, 인지심리학 [cognitive psychology, 認知心理學] (두산백과)

83) 스튜어드 러셀, 피터 노빅, 《인공지능: 현대적 접근방식》 1권, 류광 역, (서울: 제이펍, 2016), 19.

84) 스튜어드 러셀, 피터 노빅, 《인공지능: 현대적 접근방식》 1권, 류광 역, (서울: 제이펍, 2016), 17.

85) 네이버 지식백과, 인지과학 [cognitive science, 認知科學] (두산백과)

86) 승현준, 《커넥톰, 뇌의 지도》, (서울: 김영사, 2014), 89.

87) 위키피디아, 커넥톰.

88) 승현준, 《커넥톰, 뇌의 지도》, (서울: 김영사, 2014), 20.

89) 이케가야 유지, 《교양으로 읽는 뇌과학》, 이규원 역, (서울: 은행나무, 2005), 75.

90) 승현준, 《커넥톰, 뇌의 지도》, (서울: 김영사, 2014), 21.

91) 승현준, 《커넥톰, 뇌의 지도》, (서울: 김영사, 2014), 26.

92) 승현준, 《커넥톰, 뇌의 지도》, (서울: 김영사, 2014), 92-93.

93) EBS, 교육혁명, 15세에 주목하라.

94) 이케가야 유지, 교양으로 읽는 뇌과학, 이규원 역, (서울: 은행나무, 2005), 200-214.

95) 위키피디아, 대뇌피질. https://ko.wikipedia.org/wiki/대뇌피질

96) 제프 호킨스, 샌드라 블레이크슬리, 《생각하는 뇌, 생각하는 기계》, 이한음 역, (서울: 멘토르, 2010), 89.

97) 제프 호킨스, 샌드라 블레이크슬리, 《생각하는 뇌, 생각하는 기계》, 이한음 역, (서울: 멘토르, 2010), 80.

98) 네이버 지식백과, 두산백과, 대뇌 피질.

99) 위키피디아, 대뇌피질. https://ko.wikipedia.org/wiki/대뇌피질

100) 이케가야 유지, 교양으로 읽는 뇌과학, 이규원 역, (서울: 은행나무, 2005), 47-56.

101) 위키피디아, 대뇌피질. https://ko.wikipedia.org/wiki/대뇌피질

102) 위키피디아, 대뇌피질. https://ko.wikipedia.org/wiki/대뇌피질

103) 위키피디아, 대뇌피질. https://ko.wikipedia.org/wiki/대뇌피질

104) 이케가야 유지, 교양으로 읽는 뇌과학, 이규원 역, (서울: 은행나무, 2005), 51-54.

105) 이케가야 유지, 교양으로 읽는 뇌과학, 이규원 역, (서울: 은행나무, 2005), 129-133.

106) 이케가야 유지, 교양으로 읽는 뇌과학, 이규원 역, (서울: 은행나무, 2005), 163.

107) 네이버 백과사전, 소뇌.

108) 네이버캐스트, 기억이란.

109) 김대식, 인간 vs. 기계, (서울: 동아시아, 2016), 7.

110) 이케가야 유지, 《교양으로 읽는 뇌과학》, 이규원 역, (서울: 은행나무, 2005), 195-204.

111) 네이버 지식백과, 두산백과, 억제성 시냅스.

112) 승현준, 《커넥톰, 뇌의 지도》, (서울: 김영사, 2014), 116-117, 136-137.

113) 스튜어드 러셀, 피터 노빅, 《인공지능: 현대적 접근방식》 1권, 류광 역, (서울: 제이펍, 2016), 7.

114) 한학용, 《패턴인식 개론》, (서울: 한빛아카데미, 2014), 28.

115) 김대식, 《인간 vs. 기계》, (서울: 동아시아, 2016), 93.

116) 박혜영, 이관용, 《패턴인식과 기계 학습》, (서울: 이한출판사, 2011), 7.

117) 제프 호킨스 , 샌드라 블레이크슬리, 《생각하는 뇌, 생각하는 기계》, 이한음 역, (서울: 멘토르, 2010), 100-102.

118) 제프 호킨스 , 샌드라 블레이크슬리, 《생각하는 뇌, 생각하는 기계》, 이한음 역, (서울: 멘토르, 2010), 107-109.

119) 김대식, 《인간 vs. 기계》, (서울: 동아시아, 2016), 118.

120) 김대식, 《인간 vs. 기계》, (서울: 동아시아, 2016), 118.

121) 제프 호킨스 , 샌드라 블레이크슬리, 《생각하는 뇌, 생각하는 기계》, 이한음 역, (서울: 멘토르, 2010), 91-97.

122) 제프 호킨스 , 샌드라 블레이크슬리, 《생각하는 뇌, 생각하는 기계》, 이한음 역, (서울: 멘토르, 2010), 160-161, 171.

123) 제프 호킨스 , 샌드라 블레이크슬리, 《생각하는 뇌, 생각하는 기계》, 이한음 역, (서울: 멘토르, 2010), 148.

124) 이케가야 유지, 《교양으로 읽는 뇌과학》, 이규원 역, (서울: 은행나무, 2005), 174-184.

125) 승현준, 《커넥톰, 뇌의 지도》, (서울: 김영사, 2014), 266.

126) 제프 호킨스 , 샌드라 블레이크슬리, 《생각하는 뇌, 생각하는 기계》, 이한음 역, (서울: 멘토르, 2010), 282.

127) 네이버 국어사전, 학습

128) 오다카 토모히로, 《만들면서 배우는 기계 학습》, 김성재 역, (서울: 한빛미디어, 2012), 10.

129) 오다카 토모히로, 《만들면서 배우는 기계 학습》, 김성재 역, (서울: 한빛미디어, 2012), 11.

130) 오다카 토모히로, 《만들면서 배우는 기계 학습》, 김성재 역, (서울: 한빛미디어, 2012), 12.

131) 페드로 도밍고스, 《마스터 알고리즘》, 강형진 역, (서울: 비즈니스북스, 2016), 16.

132) 페드로 도밍고스, 《마스터 알고리즘》, 강형진 역, (서울: 비즈니스북스, 2016), 105-106.

133) 마이클 네그네빗스키(Michael Negnevitsky), 《인공지능 개론》, 김용혁 역,

(서울: 한빛아카데미, 2013), 26.

134) 마이클 네그네빗스키(Michael Negnevitsky), 《인공지능 개론》, 김용혁 역, (서울: 한빛아카데미, 2013), 26.

135) 오다카 토모히로, 《만들면서 배우는 기계 학습》, 김성재 역, (서울: 한빛미디어, 2012), 22.

136) 스튜어드 러셀, 피터 노빅, 《인공지능: 현대적 접근방식》 1권, 류광 역, (서울: 제이펍, 2016), 304.

137) 김대식, 인간 vs. 기계, (서울: 동아시아, 2016), 7.

138) 오다카 토모히로, 《인공지능을 이용한 빅데이터 처리 입문》, (서울: 길벗, 2014), 22.

139) 스튜어드 러셀, 피터 노빅, 《인공지능: 현대적 접근방식》 1권, 류광 역, (서울: 제이펍, 2016), 573. 마이클 네그네빗스키(Michael Negnevitsky), 《인공지능 개론》, 김용혁 역, (서울: 한빛아카데미, 2013), 30-34.

140) 스튜어드 러셀, 피터 노빅, 《인공지능: 현대적 접근방식》 2권, 류광 역, (서울: 제이펍, 2016), 87.

141) 스튜어드 러셀, 피터 노빅, 《인공지능: 현대적 접근방식》 1권, 류광 역, (서울: 제이펍, 2016), 30.

142) 스튜어드 러셀, 피터 노빅, 《인공지능: 현대적 접근방식》 1권, 류광 역, (서울: 제이펍, 2016), 286.

143) 마이클 네그네빗스키(Michael Negnevitsky), 《인공지능 개론》, 김용혁 역, (서울: 한빛아카데미, 2013), 32, 33, 60.

144) 위키피디아, 오차역전파법

145) 스튜어드 러셀, 피터 노빅, 《인공지능: 현대적 접근방식》 2권, 류광 역, (서울: 제이펍, 2016), 303, 309.

146) 스튜어드 러셀, 피터 노빅, 《인공지능: 현대적 접근방식》 1권, 류광 역, (서울: 제이펍, 2016), 202.

147) 김대식, 《인간 vs. 기계》, (서울: 동아시아, 2016), 9.

148) 오다카 토모히로, 《만들면서 배우는 기계 학습》, 김성재 역, (서울: 한빛미디어, 2012), 20.

149) 마이클 네그네빗스키(Michael Negnevitsky), 《인공지능 개론》, 김용혁 역,

(서울: 한빛아카데미, 2013), 34, 35.

150) 이상용, 《인공지능의 세계》, (서울: 21세기사, 2008), 16-22.

151) 박혜영, 이관용, 《패턴인식과 기계 학습》, (서울: 이한출판사, 2011), 3-21.

152) 유신, 《인공지능은 뇌를 닮아 가는가》, (서울: 컬처북, 2014), 140.

153) The Science Times, 2015.09.15. 이강봉, "구글, 딥마인드 인수, 인공지능 기술 선점"

154) The NewYork Times, 2012.06.25. John Markoff, "How Many Computers to Identify a Cat? 16,000"

155) 스튜어드 러셀, 피터 노빅, 《인공지능: 현대적 접근방식》 1권, 류광 역, (서울: 제이펍, 2016), 157.

156) 마이클 네그네빗스키, 《인공지능 개론》, 김용혁 역, (서울: 한빛아카데미, 2013), 36.

157) 페드로 도밍고스, 《마스터 알고리즘》, 강형진 역, (서울: 비즈니스북스, 2016), 105-106.

158) 페드로 도밍고스, 《마스터 알고리즘》, 강형진 역, (서울: 비즈니스북스, 2016), 386-388.

159) 페드로 도밍고스, 《마스터 알고리즘》, 강형진 역, (서울: 비즈니스북스, 2016), 17.

160) 에릭 시겔, 《빅데이터의 다음 단계는 예측 분석이다》, 고한석 역, (서울: 이지스퍼블리싱, 2014), 310.

161) 에릭 시겔, 《빅데이터의 다음 단계는 예측 분석이다》, 고한석 역, (서울: 이지스퍼블리싱, 2014), 323.

162) 에릭 시겔, 《빅데이터의 다음 단계는 예측 분석이다》, 고한석 역, (서울: 이지스퍼블리싱, 2014), 324-330.

163) 에릭 시겔, 《빅데이터의 다음 단계는 예측 분석이다》, 고한석 역, (서울: 이지스퍼블리싱, 2014), 336.

164) 감동근, 《바둑으로 읽는 인공지능》, (서울: 동아시아, 2016), 63-67.

165) 감동근, 《바둑으로 읽는 인공지능》, (서울: 동아시아, 2016), 70.

166) 마쓰오 유타카, 《인공지능과 딥러닝》, 박기원 역, (서울: 동아엠앤비, 2015), 18. 강시철, 《인공지능 네트워크와 슈퍼 비즈니스》, (서울: 리더스북, 2016), 47.

167) 강시철, 《인공지능 네트워크와 슈퍼 비즈니스》, (서울: 리더스북, 2016), 46-48.

168) 감동근, 《바둑으로 읽는 인공지능》, (서울: 동아시아, 2016), 79.

169) 감동근, 《바둑으로 읽는 인공지능》, (서울: 동아시아, 2016), 97-106.

170) 감동근, 《바둑으로 읽는 인공지능》, (서울: 동아시아, 2016), 99.

171) 감동근, 《바둑으로 읽는 인공지능》, (서울: 동아시아, 2016), 101.

172) 감동근, 《바둑으로 읽는 인공지능》, (서울: 동아시아, 2016), 102.

173) 감동근, 《바둑으로 읽는 인공지능》, (서울: 동아시아, 2016), 102.

174) 강시철, 《인공지능 네트워크와 슈퍼 비즈니스》, (서울: 리더스북, 2016), 42.

175) 강시철, 《인공지능 네트워크와 슈퍼 비즈니스》, (서울: 리더스북, 2016), 43.

PART 3. 인공지능의 미래 시나리오

176) 편석준, 진현호, 정영호, 임정선, 《사물인터넷》, (서울: 미래의창, 2014), 47.

177) 강시철, 《디스럽션》, (서울: 리더스북, 2015), 310.

178) 강시철, 《디스럽션》, (서울: 리더스북, 2015), 312.

179) 편석준, 진현호, 정영호, 임정선, 《사물인터넷》, (서울: 미래의창, 2014), 63-70. 강시철, 《디스럽션》, (서울: 리더스북, 2015), 18.

180) 강시철, 《디스럽션》, (서울: 리더스북, 2015), 225.

181) 페드로 도밍고스, 《마스터 알고리즘》, 강형진 역, (서울: 비즈니스북스, 2016), 42.

182) 니시우치 히로무, 《빅데이터를 지배하는 통계의 힘》, 신현호 역, (서울: 비전코리아, 2013), 73.

183) 강시철, 《인공지능 네트워크와 슈퍼 비즈니스》, (서울: 리더스북, 2016), 26.

184) 페드로 도밍고스, 《마스터 알고리즘》, 강형진 역, (서울: 비즈니스북스, 2016), 47.

185) 마쓰오 유타카, 《인공지능과 딥러닝》, 박기원 역, (서울: 동아엠앤비, 2015), 241.

186) 에릭 시겔, 《빅데이터의 다음 단계는 예측 분석이다》, 고한석 역, (서울: 이지스퍼블리싱, 2014), 25.

187) 에릭 시겔, 《빅데이터의 다음 단계는 예측 분석이다》, 고한석 역, (서울: 이지스퍼블리싱, 2014), 27.

188) 에릭 시겔, 《빅데이터의 다음 단계는 예측 분석이다》, 고한석 역, (서울:

이지스퍼블리싱, 2014), 164-171.

189) 중앙일보, 2015.10.30. 박수련, 박유미, "머신러닝, 5년 뒤 모든 산업에 적용될 것"

190) 페드로 도밍고스, 《마스터 알고리즘》, 강형진 역, (서울: 비즈니스북스, 2016), 51.

191) 고현석, 《빅데이터 승리의 과학》, (서울: 이지스퍼블리싱, 2013), 16.

192) 고현석, 《빅데이터 승리의 과학》, (서울: 이지스퍼블리싱, 2013), 17-19, 27, 35-36.

193) 고현석, 《빅데이터 승리의 과학》, (서울: 이지스퍼블리싱, 2013), 84, 86, 130.

194) 고현석, 《빅데이터 승리의 과학》, (서울: 이지스퍼블리싱, 2013), 54-59.

195) 고현석, 《빅데이터 승리의 과학》, (서울: 이지스퍼블리싱, 2013), 72.

196) 고현석, 《빅데이터 승리의 과학》, (서울: 이지스퍼블리싱, 2013), 25-28, 59-71, 117, 126.

197) 고현석, 《빅데이터 승리의 과학》, (서울: 이지스퍼블리싱, 2013), 280.

198) 블로터, 2015.08.31. 오원석, "홍수, 교통량, 재난 예측... 도시, 스마트를 품다"

199) 블로터, 2015.08.31. 오원석, "홍수, 교통량, 재난 예측... 도시, 스마트를 품다"

200) 박순서, 《빅데이터, 세상을 이해하는 새로운 방법》, (서울: 레디셋고, 2013), 75-78.

201) 박순서, 《빅데이터, 세상을 이해하는 새로운 방법》, (서울: 레디셋고, 2013), 78.

202) [네이버 지식백과] 원자탄 – 인류 역사상 최악의 과학기술 드라마 (세상을 바꾼 발명과 혁신)

203) 페드로 도밍고스, 《마스터 알고리즘》, 강형진 역, (서울: 비즈니스북스, 2016), 55.

204) 레이 커즈와일, 《특이점이 온다》, 김명남, 장시형 역, (서울: 김영사, 2007), 169.

205) 김대식, 《인간 vs. 기계》, (서울: 동아시아, 2016), 37.

206) 강시철, 《인공지능 네트워크와 슈퍼 비즈니스》, (서울: 리더스북, 2016), 40.

207) 레이 커즈와일, 《특이점이 온다》, 김명남, 장시형 역, (서울: 김영사, 2007), 246.

208) 레이 커즈와일, 《특이점이 온다》, 김명남, 장시형 역, (서울: 김영사, 2007), 270.

209) 최윤식, 《2030 대담한 도전》, (서울: 지식노마드, 2016), 388.

210) 스티븐 핑커, 《마음은 어떻게 작동하는가》, 김한영 역, (서울: 동녘사이언스, 2007), 20.

211) 로드니, A. 브룩스, 《로봇 만들기》, 박우석 역, (서울: 바다출판사, 2002), 80.

212) 로드니, A. 브룩스, 《로봇 만들기》, 박우석 역, (서울: 바다출판사, 2002), 72, 77, 82.

213) 로드니 브룩스, 《로봇 만들기》, 박우석 역, (서울: 바다출판사, 2002), 85-95, 417-433. 로드니 브룩스, 《로봇 만들기》, 박우석 역, (서울: 바다출판사, 2002), 로드니 브룩스, 《로봇 만들기》, 박우석 역, (서울: 바다출판사, 2002),

214) 페드로 도밍고스, 《마스터 알고리즘》, 강형진 역, (서울: 비즈니스북스, 2016), 413.

215) 강시철, 《인공지능 네트워크와 슈퍼 비즈니스》, (서울: 리더스북, 2016), 10.

216) 루이스 멈퍼드, 《기계의 신화: 기술과 인류의 발달》, 유명기 역, (서울: 아카넷, 2013), 16-18.

217) 루이스 멈퍼드, 《기계의 신화: 기술과 인류의 발달》, 유명기 역, (서울: 아카넷, 2013), 21, 54.

218) 이케가야 유지, 《교양으로 읽는 뇌과학》, 이규원 역, (서울: 은행나무, 2005), 95.

219) 로드니 브룩스, 《로봇 만들기》, 박우석 역, (서울: 바다출판사, 2002), 80.

220) 케빈 켈리, 《통제불능》, 이충호, 임지원 역, (서울: 김영사, 2015), 9.

221) 케빈 켈리, 《통제불능》, 이충호, 임지원 역, (서울: 김영사, 2015), 15-21.

222) 제리 카플란, 《인간은 필요없다》, 신동숙 역, (서울: 한스미디어, 2016), 19.

223) 제리 카플란, 《인간은 필요없다》, 신동숙 역, (서울: 한스미디어, 2016), 93-96.

224) 크리스토퍼 스타이너, 《알고리즘으로 세상을 지배하라》, 박지유 역, (서울: 에이콘, 2016), 8.

225) 페드로 도밍고스, 《마스터 알고리즘》, 강형진 역, (서울: 비즈니스북스, 2016), 450.

226) 최윤식, 《2030 대담한 도전》, (서울: 지식노마드, 2016), 713-714.

227) 심정택, 《현대 자동차를 말한다》, (서울: 알에치코리아, 2015), 257-260, 269.

미래학자의 인공지능 시나리오

1판 1쇄 2016년 10월 28일 발행
1판 4쇄 2018년 6월 1일 발행

지은이 · 최윤식
펴낸이 · 김정주
펴낸곳 · ㈜대성 Korea.com
본부장 · 김은경
기획편집 · 이향숙, 김현경, 양지애
디자인 · 문 용
영업마케팅 · 조남웅
경영지원 · 장현석, 박은하

등록 · 제300-2003-82호
주소 · 서울시 용산구 후암로 57길 57 (동자동) ㈜대성
대표전화 · (02) 6959-3140 | 팩스 · (02) 6959-3144
홈페이지 · www.daesungbook.com | 전자우편 · daesungbooks@korea.com

© 최윤식, 2016
ISBN 978-89-97396-70-2 (03300)
이 책의 가격은 뒤표지에 있습니다.

이 도서의 국립중앙도서관 출판예정도서목록(CIP)은 서지정보유통지원시스템
홈페이지(http://seoji.nl.go.kr)와 국가자료공동목록시스템(http://www.
nl.go.kr/kolisnet)에서 이용하실 수 있습니다.(CIP제어번호: CIP2016024013)